これからの
保育
シリーズ
9

今、もっと〜

必要な

これからの
子ども・
子育て支援

［編著］

土谷みち子
関東学院大学教授
NPO法人こどもと未来
－おひさまでたよ－理事長

［著者］

汐見稔幸
〜教授
〜会長

〜
〜ン研究所所長
〜とみらい園元園長

野井真吾
日本体育大学教授

山本詩子
山本助産院院長
日本助産師会元会長

風鳴舎

# CONTENTS

# はじめに

　子育てが難しい時代といわれています。

　少子化対策から行政が「子育て支援」に取り組みはじめたのは、1994年のエンゼルプラン（第2章参照）発信以降です。それ以降、次々と少子化社会対策が進行してきました。

　子育て支援という行政・地域とのコラボは、すでに30年近い活動を蓄積、継続してきています。人間に例えると、20歳の成人を経て、しっかりと大人として独立し、それぞれの立場で活躍できるまでに育っていることになります。

　私たちは、この30年近い「子育て支援」活動に、なにか足りないと感じ続けてきました。そこで、NPO法人を立ち上げ、設立後から5年間連続で研修会を開催してきました。本書は、その研修会の基調講演をまとめ、改めて皆さんと共に、子育て支援のこれまで・これからを議論したいと考えています。

　各章では、毎年掲げたテーマを示して、講師のお話が進んでいきます。

　第1章：「こどもの誕生と夫婦関係」は、本法人理事をお願いした、汐見稔幸さん・和恵さんによる、ご夫婦対談です。"子どもを持つと夫婦には何が起こるか"は、80年代から欧米で議論されてきたテーマです。子どもの誕生・成長と共に、相互への期待と結婚を育てるコミュニケーションが大切だと指摘されています。実は、対談については汐見和恵さんからのご提案もあり、当日ぶっつけ本番、3人のお子さんの子育て対談が実現したのです。

　第2章：「行政と市民の協働」については、汐見和恵さんに再登場していただき、多様な施策会議に市民（研究者も兼ねて）として参加されて感じたこと・今後に向けての提案など語っていただきました。責任のある大人として、子どもの意見や状況を捉え、行政・市民が協働して考え行動する必要性を訴えてくださいました。

　第3章：「子どもの"からだ"のおかしさ」については、野井真吾さんにご登壇いただきました。野井先生は子どもの「からだのおかしさ」について問題提起された正木健雄先生の後を継いで、子どものからだと心・連絡会議の議長をお務めです。また、子どもの「からだのおかしさ」に関する科学的根拠を大切に研究、発信を続けていらっしゃいます。

　第4章は、「これからの親の働き方」について、再び汐見稔幸さんに登壇していただきました。私は、乳幼児の発達相談に関わっていますが、そこで、産休や育児休業後に倒れた複数の母親に出会いました。女性の活躍推進が叫ばれる時代になっても、長時間労働大国のわが国の労働状況が変わらない実態をどう考えれば良いのか、我々はどこを向いて子育て支援をすれば良いのか、多忙な先生に大所高所からお話を伺いました。

　第5章は、「妊娠期からの切れ目のない支援とは？」について、助産師の代表として日本助産師会会長も務められた山本詩子さんにご登壇いただきました。

　妊娠期から子育て支援を必要とする実態やその意味するところ、そして山本助産院で実施している多機能型支援の内容等々、保育・子育て支援関係者が知らない活動内容について説明くださいました。

　私たちが関わっている子育て支援とは、誰に向け、そして何に向かっていけばよいのでしょう。本当に大切なこと、まだまだ足りないこと、そしてどう行動すればよいのか、本書の読後に語り合いたいと思います。

　今後の皆様との交流を楽しみにしています。

2021年5月　土谷みち子

# 子育て支援における「大切なこと」

## はじまりは「保護者支援」

少子高齢化・人口減少対策としてはじまった子育て支援は、未婚化・晩婚化・晩産化傾向が続く妊娠・出産可能性の世代に対して、出産後の子育てに各種の「保育サービス」を強化することからスタートしました。それは、社会全体で子育てをしようという、「社会的子育て」のはじまりともいえます。

支援活動の中心となったのは、当時認識が高まっていた母親の「子育てのつらさ」「子育てのストレス」を緩和することによって、将来および現役の親世代へ向けて、一緒に子育てのパートナーになる「保護者支援」からスタートしたといえます。

# 子育て支援で大切にしてきたこと

　[図1] は、研究者が「子育てのつらさ」に影響する要因について集めた研究内容（先行研究）を、改めて図にしたものです。

　「つらさ」「ストレス」に最も影響が高いのは、「社会的要因」です。知識や技術を間接的に見て学ぶ・直接体験する/地域のサポーターと知り合うことは、つらさが軽減します。また、「個人的要因」の相談ができたり、「子どもの要因」では、わが子の成長が実感できたり、一緒に子

育てを手伝ってくれる方が寄り添うと、ストレスが緩和されて子育てに前向きになることもあります。

　3要因は補完関係にあるため、活動しやすいところからサポートしていくと、子どもの育ちが確認されたり、保護者の子育ての負担が軽くなったりする可能性も出てきます。

## 保護者支援からはじまった活動、あ・れ・こ・れ

　保護者の子育てのつらさやストレスを緩和するには、どのような活動が大切でしょうか。これまで、子育て支援のひろばや拠点などで実践されてきた活動をみてみましょう。

　近年は、妊娠期からの子育て支援ひろばや、拠点における講座開催もあり、行政からの委託事業としてプレママ・パパ講座、当事者発案のパパ講座（料理教室など）も増えてきました。これは、妊娠期における地域の子育て支援施設の体験が促進され、出産後のサポートにつなげることが期待されます。

　さらに、子どもの育ちサポートとして、公園遊びの出前・出張活動等、いわゆる「アウトリーチ活動」にも理解が広がりつつあります。

　一人で頑張りすぎる、「孤立した子育て（孤育て）」にならないように、地域につなぐ・つながる活動を推進しています [図2]。

## [図1]「子育てのつらさ」に関わる3要因

〈社会的要因〉
- 子育て技術と知識の不足
- 子育てサポート（家族・地域）の弱体化
- 社会的通説（母性・3歳児神話）の圧力

補完関係

↓

### 子育てのつらさ

〈親の個人的要因〉
- 生育歴
- 就労スタイル
- 夫婦や子どもとの関係

〈子どもの要因〉
- 育てやすさ・にくさ
- 気質や個性
- 人数や出生順位

**3要因は補完関係にあるとされて、ひとつの要因が緩和されると他の影響要因も緩和する可能性が高い。**

菅原2000より作成。　参考：菅原ますみ「子育てをめぐる母親の心理」（東洋・柏木惠子 編「社会と家族の心理学」p.72、ミネルヴァ書房）

## 1 妊娠期 (プレママ・プレパパ) 活動・講座→地域子育て支援利用体験

- マタニティーヨガ
- マタニティートーク (おしゃべり情報交換)
- 出産後の乳児用品作り
  (おしゃぶり・スタイ・ガラガラなど)
- 沐浴指導、
  パパの妊婦体験 (ジャケット着用)、
  人形で抱っこ体験　など

重いな〜

## 2 子育て期の保護者同士の交流と学び

- 日中の親と子の居場所・遊び場
- 利用者 (ママ友・パパ友) との
  出会い・交流サポート
- 子育てに関しての情報交換 (おしゃべり)
- 「イヤイヤ期」の特徴や関わり方など
  ⇨子どもの成長や関わり方の学び

## 3 赤ちゃん (乳児期) の子育て方法の学び

- はじめての赤ちゃんプログラム (連続講座)、
  授乳・抱っこ・泣きへの対応等
- 0歳児集まれ！ (子育て支援者と共に：赤ちゃんと保護者、他の赤ちゃんとのふれ合い等)

## 4 保育士さんと一緒に「赤ちゃんと遊ぶ」

赤ちゃんが楽しめる手遊び・ふれ合い遊びの体験

## 5 専門相談・子育て個別相談

個別相談とグループ相談
（対応は助産師・栄養士・保育士・心理士・看
護師・歯科衛生士・小児科医師など）

↓

ひろば相談と個別相談室なども準備。

## 6 子どもの一時保育（保育施設）・子どもの預かり合い
（地域サポートシステム）

・保護者の就業・通院・
　急用などの不定期の一時預かり

・拠点等での地域の預け合いの福祉システム

おまたせ〜

## 7 利用者支援（情報提供・相談・他機関の紹介など）：個別ニーズに個別ケア

困り事が明確な方（顕在的なニーズ）は、本人から個別相談の希望。また、スタッフから、心配な方がいるので、個別相談を進めて（潜在的なニーズ）と、両者のニーズから相談につなぎ、また、地域の専門機関につなぐ初期対応の役割

## 8 支援者の人材育成と研修・地域ネットワーク形成
（子育て期の利用者は将来の支援者という考えからスタート）

こんな相談を受けたら？
⇨スタッフミーティングからの学び合い/ロールプレイ/ 子どもの成長やカウンセリングの研修など

子育て支援に関わった経験をお持ちの方は、改めて身近で実施してきた活動を振り返ってみると、もっとこんな活動があったらいいな！と、「大切なこと」から、「足りないこと」も見えてくるかもしれません。

次の節では、近年、乳幼児を持つ母親の就業率があがったことから、母親の働くことについての本音を探りたいと実施（2018）した調査結果を紹介します。発達相談の立場から、個人的には母親の就労スタイル（特に長時間労働）や体調不良について相談を受けていました。協力者は300名ですが、本音調査としては悲鳴に似たニーズもみられました。

続く本章では、第1章から5章までの話題提供をじっくりとお読みください。

そして、終章では、これからの子育て支援にあったらいいなと考えた、「足りないこと」、そして「どう行動したらよいか」について、議論していきたいと思います。

---

## 母親の働くことと「家族の時間と健康」を考える
### ―― 乳幼児をもつ母親の本音調査*をして見えてきたこと

*乳幼児を持つ母親の就労意識調査 報告書～子どもと家族の未来にむけて～
調査実施：NPO法人こどもと未来―おひさまでたよ― 調査責任者：理事長 土谷みち子（2018年11月）

### 1. 本調査の目的

近年、労働人口の減少や働き方の不安定さから、女性の社会的な活動が一層期待され、特に乳幼児をもつ母親の職場復帰が増加しています。一方、待機児童問題や長時間労働など父親と母親の働き方の是正は進んでいるとはいえません。

幼い子どもをもつ母親の働き方（就労）に関する調査は乏しく、私たちは世界に類をみない乳児期からの長時間保育、母親や父親の長時間労働や疲労状態等々について、母親の率直な（本音）調査を実施したいと思いました。

子どもを持った母親や父親が、子どもを持って良かったと思い、子どもも生まれて良かったと思える未来社会になってほしい。その願いを込めて本調査の結果を報告させていただきます。

### 2. 本調査の方法について

調査の協力者は、調査内容を確認して承諾を得た乳幼児を持つ母親300名です。神奈川県内の地域の異なる子育て支援ひろば12カ所でアンケートを配布し、アンケートの回収率は100％でした（調査時期は2018年9～11月）。

## 調査の協力者

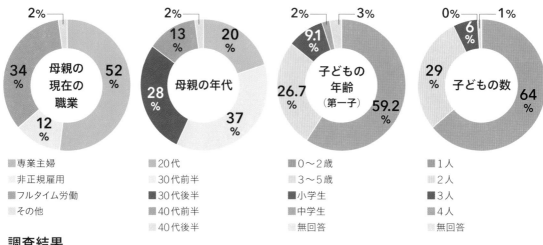

**母親の現在の職業**
- 52%
- 34%
- 12%
- 2%

凡例:
- 専業主婦
- 非正規雇用
- フルタイム労働
- その他

**母親の年代**
- 20%
- 13%
- 28%
- 37%
- 2%

凡例:
- 20代
- 30代前半
- 30代後半
- 40代前半
- 40代後半

**子どもの年齢（第一子）**
- 59.2%
- 26.7%
- 9.1%
- 2%
- 3%

凡例:
- 0〜2歳
- 3〜5歳
- 小学生
- 中学生
- 無回答

**子どもの数**
- 64%
- 29%
- 6%
- 0%
- 1%

凡例:
- 1人
- 2人
- 3人
- 4人
- 無回答

## 調査結果

## 1 乳幼児をもつ母親の「働くこと」の希望 (現在の就労スタイル別の集計)

■全体集計％（300人）　■専業主婦（145人）　非正規雇用（49人）　■フルタイム労働（103人）

### 出産後、働くことを開始する子どもの年齢

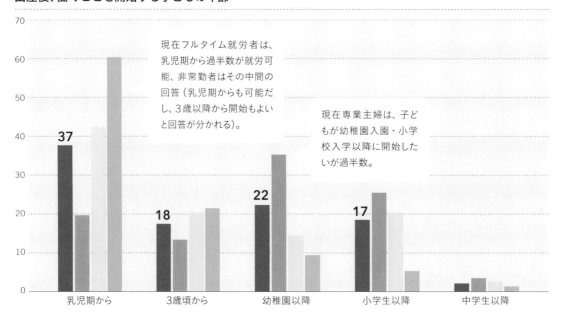

現在フルタイム就労者は、乳児期から過半数が就労可能、非常勤者はその中間の回答（乳児期からも可能だし、3歳以降から開始もよいと回答が分かれる）。

現在専業主婦は、子どもが幼稚園入園・小学校入学以降に開始したいが過半数。

（横軸）乳児期から　3歳頃から　幼稚園以降　小学生以降　中学生以降

37　18　22　17

## 乳幼児をもつ母親は、週に何日働くことは可能か

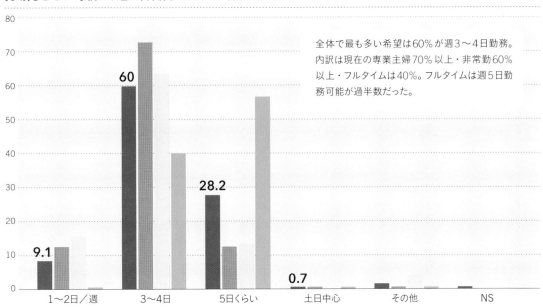

全体で最も多い希望は60％が週3〜4日勤務。
内訳は現在の専業主婦70％以上・非常勤60％
以上・フルタイムは40％。フルタイムは週5日勤
務可能が過半数だった。

## 乳幼児をもつ母親の希望する帰宅時間

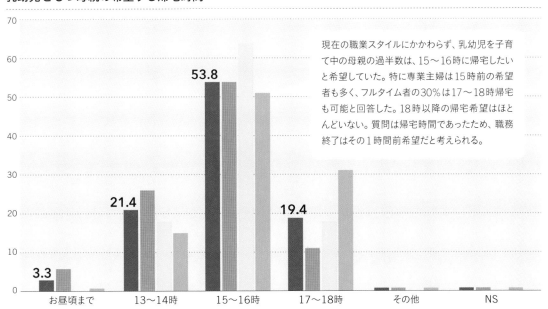

現在の職業スタイルにかかわらず、乳幼児を子育
て中の母親の過半数は、15〜16時に帰宅したい
と希望していた。特に専業主婦は15時前の希望
者も多く、フルタイム者の30％は17〜18時帰宅
も可能と回答した。18時以降の帰宅希望はほと
んどいない。質問は帰宅時間であったため、職務
終了はその1時間前希望だと考えられる。

## 帰宅時間を制限したい理由（全体300人の集計結果）

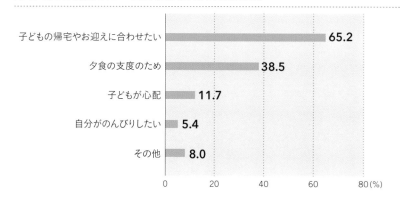

母親は現在の働き方に関わらず、子どもの帰宅時間や保育所等のお迎えのため、また、夕食の支度など家事のために帰宅を急ぎ、就労時間の制限を加えたいと考えていた。

## 母親の働く目的

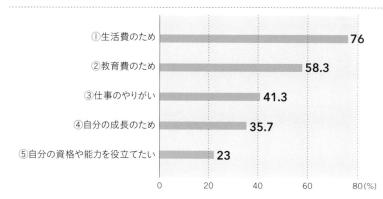

現代の働き方の不安定さや現実の生活費・教育費の捻出の苦労が感じられる結果である。しかし一方で、半数の方の回答から、性別に関わらず一人の人間として仕事をすることに対する意識の高さも感じる結果であった。

## 母親がフルタイムで働くときに必要なもの（複数回答の上位10項目）

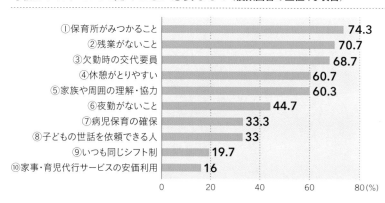

保育所不足の問題が改めて指摘された。現在の就労スタイルでは、家族に子ども・病人・高齢者等支援が必要な人がいても、残業・夜勤・多様なシフト制があることが感じられる。
特に幼い子どもには、病時は親子のアタッチメント（愛着）形成に重要な時間であるにも関わらず、働き方の配慮が乏しいことがうかがえる。

## 2 母親が働くことで心配なこと

（全体の集計）

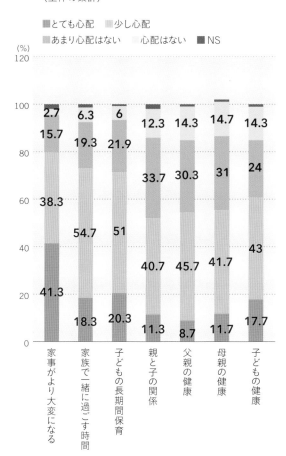

凡例:
- とても心配
- 少し心配
- あまり心配はない
- 心配はない
- NS

| | 家事がより大変になる | 家族で一緒に過ごす時間 | 子どもの長期間保育 | 親と子の関係 | 父親の健康 | 母親の健康 | 子どもの健康 |
|---|---|---|---|---|---|---|---|
| NS | 2.7 | 6.3 | 6 | 12.3 | 14.3 | 14.7 | 14.3 |
| 心配はない | 15.7 | 19.3 | 21.9 | 33.7 | 30.3 | 31 | 24 |
| あまり心配はない | 38.3 | 54.7 | 51 | 40.7 | 45.7 | 41.7 | 43 |
| 少し心配 | 41.3 | 18.3 | 20.3 | 11.3 | 8.7 | 11.7 | 17.7 |

乳幼児の子育てをしつつ就労すると、母親は家事の負担が軽減されないまま仕事を続けていることがうかがえる結果である。

また、親の長時間労働や子どもの長時間保育の実態の中で、母親は家族で一緒に過ごす時間の確保が難しくなることへの心配は70%以上、また家族みんなの健康（子ども・父親・母親自身）への心配も過半数を超えていた。

## 3 パートナー（夫など：以下父親と表記）の働き方と母親や子どもとの関係

（以下、各項目の全体の無回答％は掲載せず）

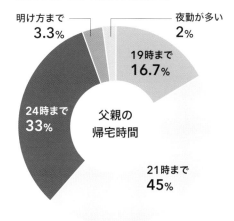

父親の帰宅時間

- 明け方まで 3.3%
- 夜勤が多い 2%
- 19時まで 16.7%
- 24時まで 33%
- 21時まで 45%

子どもと一緒に食事の可能な父親は、17%に満たないことが推測される結果である。深夜帰宅や夜勤が多い父親は40%前後いる状態であった。

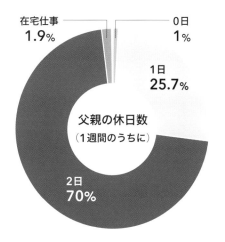

父親の休日数（1週間のうちに）

- 在宅仕事 1.9%
- 0日 1%
- 1日 25.7%
- 2日 70%

週1〜2日の休日がある父親は96%に及ぶが、休日がない方や無回答の方も3%いる。

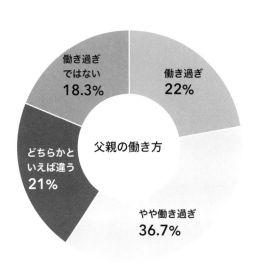

母親からみて、父親が働き過ぎの状態の方は過半数、60％に近い結果だった。

母親は、多くの幼い子ども達が父親のことを好きと感じていたが、好きでないと感じた方も3％いた。

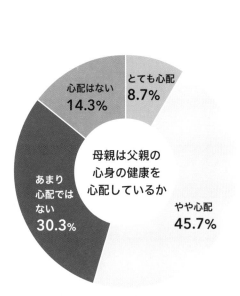

母親の過半数54％の方は、父親の心身の健康を心配だと感じていた。

## 4 母親が働くことと父親の考え・家事や子育ての協力の程度

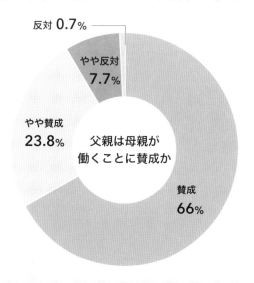

反対 **0.7**%
やや反対 **7.7**%
やや賛成 **23.8**%
父親は母親が働くことに賛成か
賛成 **66**%

90％近い多くの父親は、母親の就労に賛成している。

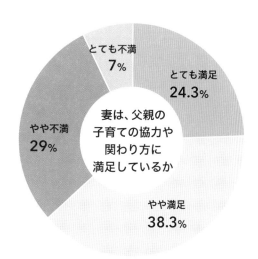

とても不満 **7**%
とても満足 **24.3**%
やや不満 **29**%
妻は、父親の子育ての協力や関わり方に満足しているか
やや満足 **38.3**%

父親の子育ての協力に対して、母親の満足はほぼ63％、不満が36％であった。

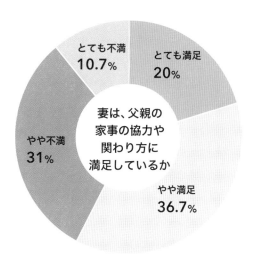

とても不満 **10.7**%
とても満足 **20**%
やや不満 **31**%
妻は、父親の家事の協力や関わり方に満足しているか
やや満足 **36.7**%

父親の家事への関与や協力に対して、母親の満足は57％・不満が42％で、父親の子育て関与よりやや低い満足感だった。

POINT/

父親は母親の働くことに90％の方は賛成している。しかし母親から見ると、子育てや家事への関与には60％前後の方は満足しているが、40％前後の方は不満である。性別役割分業は一世代前より減少しているが、父親の働き方や疲労状態も背景にあるようだ。

## 5 母親の健康について

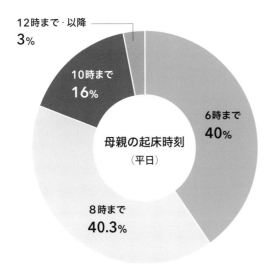

母親の起床時刻
（平日）

- 12時まで・以降 3%
- 10時まで 16%
- 6時まで 40%
- 8時まで 40.3%

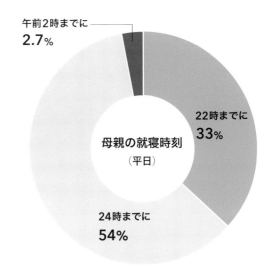

母親の就寝時刻
（平日）

- 午前2時までに 2.7%
- 22時までに 33%
- 24時までに 54%

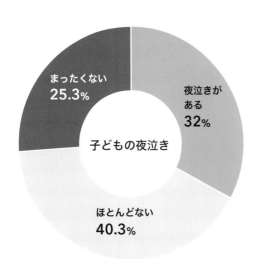

子どもの夜泣き

- まったくない 25.3%
- 夜泣きがある 32%
- ほとんどない 40.3%

### 出産後の体調の変化
〈（とても増えた＋増えた）の上位10項目：全体の回答〉

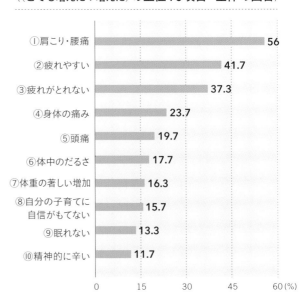

- ①肩こり・腰痛 56
- ②疲れやすい 41.7
- ③疲れがとれない 37.3
- ④身体の痛み 23.7
- ⑤頭痛 19.7
- ⑥体中のだるさ 17.7
- ⑦体重の著しい増加 16.3
- ⑧自分の子育てに自信がもてない 15.7
- ⑨眠れない 13.3
- ⑩精神的に辛い 11.7

0　15　30　45　60(%)

## 年齢別体調の変化（年齢無回答者2名を除く）

■ 低年齢グループ（163人）　■ 高年齢グループ（135人）　■ 全体該当者（%）

① 母親の第1子出産年齢：19歳～47歳（平均：31.4歳）
② 低年齢グループ（19～31歳：163人）・高年齢グループ（32～47歳：135人）に分けて比較した。

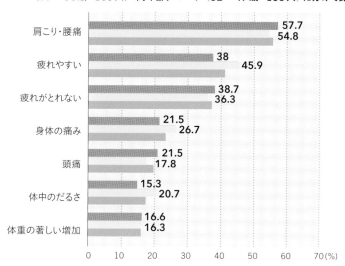

| 項目 | 低年齢 | 高年齢 |
|---|---|---|
| 肩こり・腰痛 | 57.7 | 54.8 |
| 疲れやすい | 38 | 45.9 |
| 疲れがとれない | 38.7 | 36.3 |
| 身体の痛み | 21.5 | 26.7 |
| 頭痛 | 21.5 | 17.8 |
| 体中のだるさ | 15.3 | 20.7 |
| 体重の著しい増加 | 16.6 | 16.3 |

出産後の母親の体調の変化は、30%以上の母親が訴えた「肩こり・腰痛、疲れやすい、疲れがとれない」は慢性化している可能性がある。

③ 出産後の精神的な体調不良項目の2グループ比較

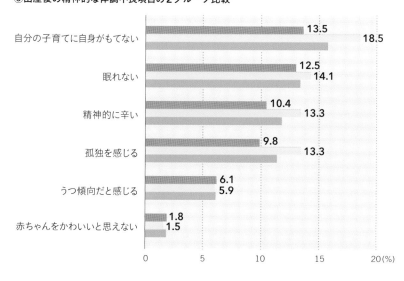

| 項目 | 低年齢 | 高年齢 |
|---|---|---|
| 自分の子育てに自身がもてない | 13.5 | 18.5 |
| 眠れない | 12.5 | 14.1 |
| 精神的に辛い | 10.4 | 13.3 |
| 孤独を感じる | 9.8 | 13.3 |
| うつ傾向だと感じる | 6.1 | 5.9 |
| 赤ちゃんをかわいいと思えない | 1.8 | 1.5 |

出産年齢別のグループで比較すると、2グループで5%違いがある項目は、全て高年齢グループのほうが訴えが高い結果になった。さらに、精神的な体調不良を訴える項目は、高年齢グループの%は低年齢グループより大きく、出産前後のサポートが不可欠だと感じる。

# 6 出産時の状況

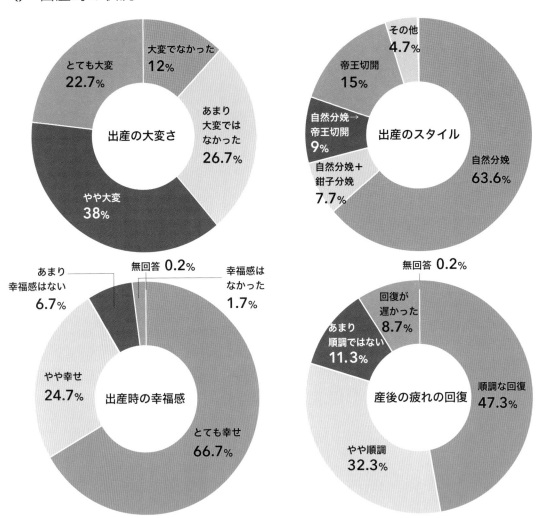

出産の大変さ

- 大変でなかった 12%
- とても大変 22.7%
- あまり大変ではなかった 26.7%
- やや大変 38%

出産のスタイル

- その他 4.7%
- 帝王切開 15%
- 自然分娩→帝王切開 9%
- 自然分娩＋鉗子分娩 7.7%
- 自然分娩 63.6%

出産時の幸福感

- あまり幸福感はない 6.7%
- 無回答 0.2%
- 幸福感はなかった 1.7%
- やや幸せ 24.7%
- とても幸せ 66.7%

産後の疲れの回復

- 無回答 0.2%
- 回復が遅かった 8.7%
- あまり順調ではない 11.3%
- 順調な回復 47.3%
- やや順調 32.3%

POINT!

多くの母親は、出産時に大変さを経験していたが幸福感を感じていて、体調の回復も順調だった様子だ。産後のサポートはほとんどの方は夫や家族などの親族だが、すべての方が満足している様子ではなかった。また一方で、緊急を要した分娩の方も20%近くいて、産後の回復も順調でない方も20%であった。

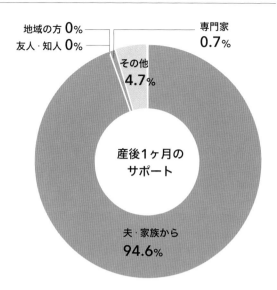

地域の方 **0**%
友人・知人 **0**%
専門家 **0.7**%
その他 **4.7**%
夫・家族から **94.6**%

産後1ヶ月の
サポート

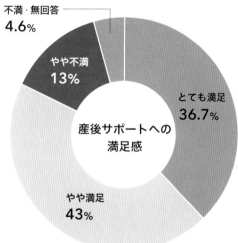

不満・無回答 **4.6**%
やや不満 **13**%
とても満足 **36.7**%
やや満足 **43**%

産後サポートへの
満足感

## 7 出産後、「働くこと」に関して、母親の考えは変わったか？

■ 強く思う ■ 少し思う ■ あまり思わない ■ 思わない

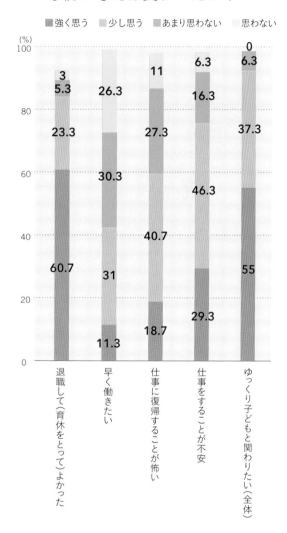

(%)

退職して(育休をとって)よかった: 60.7 / 23.3 / 5.3 / 3

早く働きたい: 11.3 / 31 / 30.3 / 26.3

仕事に復帰することが怖い: 18.7 / 40.7 / 27.3 / 11

仕事をすることが不安: 29.3 / 46.3 / 16.3 / 6.3

ゆっくり子どもと関わりたい(全体): 55 / 37.3 / 6.3 / 0

出産後多くの母親は休暇を得たことを歓迎し、また仕事
への復帰については複雑な感情を持っていた。一方で、
わが子とゆっくり関わりたいと感じていた。

## 8  その他 (母親たちからの声：自由記述の意見から)

私のように専業主婦など、
子どもとの時間を大切にしたい人にとっては、
何だか社会から取り残されているような、
後ろめたい気持になる。

諸外国は子どもがいて働くことが当たり前なので、
周りのサポートや認識がきちんとしている印象。
日本は女性が家事育児をして
当たり前という認識が強いので、
なかなかサポートが得られないのでは？

自分の希望する時間で
働きやすい世の中になってほしい。
自分と家庭の幸せのためにバランス良く働ける、
みんな働きすぎない風潮になればいいなと思う。

私たちの社会は、
子どもも父親も母親も
こんなにクタクタにならないと
幸せにならない社会なのでしょうか。

## 本調査報告〈全体のまとめ〉

**1** 乳幼児をもつ母親の希望する就労スタイルがありました。
当事者の声を聞くことは大切ではないでしょうか？ (子どもの年齢や成長/勤務時間や日数/帰宅時間への配慮)

**2** 出産後の母親の体調不良を、もっと認識して留意することが必要ではないでしょうか？
特に高齢出産の母親に出産前後の精神的なサポートも重要です。

**3** 現在の社会で乳幼児をもつ母親が働くことは、子どもの健康や成長、家族との時間、
そして父親や母親の健康不良、母親の家事負担を増加させているのではないでしょうか。

就労スタイル・条件と収入の安定、そして家族状況の支援を安定させることは無理なのでしょうか？

### 「ワーク・ライフバランス」→「ワーク・シェア」を提案します。

(一人の働き方と収入) を (2人の労働者でシェア) するヨーロッパに見られる「ワークシェアの社会と働き方改革」。結果、1日4〜5時間労働で、時給ではない専任の仕事と保障された帰宅時間・家族との時間・年次休暇・介護休暇や給与、そして人間らしい暮らしを持つことができるのではないでしょうか。

協力：新井由美

# 第1章

核家族夫婦の奮闘
～汐見家の子育て

汐見稔幸先生×汐見和恵先生
ご夫婦対談

日本の核家族の子育ては、1970年代から本格的にスタートしています。昔と今とでは、何が同じで何が変わったのでしょうか。保育・子育て支援に造詣の深いお二人が、3人の子育てについて語ってくださいました。

子どもの誕生と共に、夫婦には何が起きるのか。笑いあり、涙あり、そして夫婦が向き合い、深く考え、話しあって乗り切っていらした、人生の課題を一緒に見つめてみましょう。

# ご夫婦対談

## 汐見稔幸さん × 汐見和恵さん

（東京大学名誉教授）　　（フレーベル西が丘園元園長）

（対談日：2015.7.31）

---

## 3人の子育てと保育問題

### 30年前もあった待機児童問題

Ⓚ（和恵さん）昔のアルバムからひっぱり出してきた、家族写真です。

Ⓣ（稔幸さん）私、初めて見ます（笑）。

Ⓣ 当時、妻は保育士でした。

Ⓚ そうです。このあと結婚してすぐに子どもが生まれて。長女です。最初は小さなアパートに住んでいました。

Ⓣ 長女は今38歳ですでに4人子どもを産んでいます。

Ⓚ 長女の時は、育児休業制度がまだない時でした。

私は産休明け43日目から職場復帰しました。2月生まれでしたので保育園の入園申込時期には間に合わなかったので、保育ママさんに預かってもらいました。

次からはもう年内に産まないと保育園に入れないと思い、一番効率のよい12月をねらいました。ちょうどうまくですね、長男が12月1日生まれで、二男は12月30日生まれになりました（笑）。

Ⓣ 上の娘は、その年の10月から保育園にはいれて。その時に、定員6人のところに70人

くらい申し込まれたのですが、何とか運よく入れたのです。

　今、待機児童2〜3万人といわれていますが、当時は東京だけで待機児10万人いました。ですから、待機児って増えているわけではないですよね。当時はそのために、保育所を作っていったのです。

## 産休と育児休暇は母親もとりにくかった？

Ⓚ 長男を出産した時は、保育士ではなくて、自分で学習塾を経営していました。その時取得した産休は1か月でした。

　やはり自分で経営していると産休はなかなか取れませんでしたね。それこそ、ああ陣痛が始まったかもと思いながら、支払うお金の計算をしていました。出産後に1か月しかお休みを取らないで復帰してしまったのです。これはけっしておすすめしているわけではありませんよ。

　ちょうど夫は大学の教員で、2月3月は時間的に余裕があったものですから、私が仕事にいく時に代わりに見ていてくれたりして。当時は福祉課の方が家まで様子を見に来ました。本当に保育が困っているかどうかを確認しにいらしたのですね。

Ⓣ 本当に困っているかどうか、はっきりと様子を見せることができました（会場笑）。

## 入園できても子どもがなじまない？

Ⓚ 長男は4月に保育園に生後4か月で入ったのですが、哺乳瓶を嫌がって、ミルクを全く飲んでくれなかったのです。

　それでどうしたと思いますか？ 皆さん…実はですね、長男のクラスに産休明けの保育士さんがいらしてその方がおっぱいをくれていました（笑）。

　今はありえないことですけれども。その先生とは今でも年賀状をやり取りしています。

Ⓣ 覚えていますよ。本当にありがたいですよね。今そんなこと許されないんじゃないですか？

Ⓚ とってもおおらかな時代でしたね。

---

# 夫の変容
## 〜生後2ヶ月からのイクメン奮闘記

### 父親はおんぶ姿で保育園に自転車送迎…危険も発生

Ⓚ 長女は保育ママさんに預けて仕事に行きました。ミルクを持って、離乳食が始まれば離乳食を持参してお願いしていました。その時からですね、夫のイクメンが始まったのは。当時はおんぶひもで背負って、そしたら頼むから綿入れの亀の子*1だけは勘弁

．．．．．．．．．．．．．．．．．．．．．．．．．．．．．．．．．．．．．．．．．．．．．．．．．．．．．．．

＊1　当時、おんぶして親子ではんてんを身につけた姿。

してよと言っていました。あまりにおばさん化するからですかね。

🅣 上の娘は2月18日生まれなのですが、まだ首がすわったかすわらないかの時から僕が保育ママさんのところに連れていっていました。

　自転車で雨の日に連れていくのが大変でした。自転車に乗せてビニールのゴミの袋か何かをかぶせて走ったら、後ろからとんとんとんと、「赤ちゃんの口がふさがってますよ」と言われてね。今でも覚えています。

🅚 長女が生まれて4年後に長男、その2年後に二男が生まれたのですが、みんな別の保育園になってしまったのです。二つの園を掛け持ちしながらというのは本当に大変です。行事から何から全部倍になりますから。保育園には、最初に長男を置いてから二男の保育園に行くという形でやっていました。

　仕事の都合でどうしても保育園の迎えが間に合わないわない日もありましたので、ずいぶん周りの人に支えられて、子育てをしたなぁというふうに思います。

## イクメン論争に意義あり！

🅣 あのね、僕ね、いまじゃあたりまえのようにイクメン、イクメンなどというけれど、当時は、大学の先生で子育てを一生懸命やっている人がいると言われて、担ぎ出された時に、すごく違和感があったのですね。

　自分は当たり前のことをやっているだけなのではないかと。特別の主張があってやってるわけではないのですよね。一番上の子どもが生まれた時に妻は、当時保育士をやっていたでしょう。その保育園では、夜にしょっちゅう会議があったり、それと、何と職員旅行に出かけるということもあったのですよ。

　確か7月だったかなあ。1泊で出かけるんです。生まれて数か月の赤ちゃんを1人、私に預けて1泊で旅行に行ったわけですよ。そしたら…ともかくおっぱいを飲ませて…とにかく粉ミルクしかダメでしょ…できるかな？と。何とかなる何とかなるって言って、送り出したのは良かったんだけども、結局何とかならんかった。いくら飲ませようと思ってもどっからやっても飲まない…うわぁ～～って泣いて飲まない。

　それで、乳首がダメなのかと思って近所回って抱きしめて……薬局行って違う乳首ください…ああやってもこうやっても…全然飲まない。どのくらい泣いていたかな…2時間くらいずっと泣き続けたわけですよ。よくこんなに泣くなあと思って。

## 泣き続ける子どもに父親は辛かった。その後に…

　でもね、だんだんだんだん一生懸命やってミルクの温度を変える、何とか変えるってやっても絶対飲まないわが子をみて…どうなったかというと…キレたんです、わた

し。「いいかげんにしろ！」「バチン！」と
やっちゃった！…赤ちゃんに。

でね、その時、なんてバカなことをしてい
るんだろうと思いながら、何ていうかな…。

あの時、子育て支援とか何とか偉そうな
ことを自分が言っている時にね。あの時の
あの気持ちと、毎日子育てをやっている母
親のことを考えたら、母親を責めるなんて
ことをしては、絶対にいけない…そう思い
ました。これが私のひとつの原点です。

## 子どもの一生懸命に生きる姿に、
## 我が身を重ねる

子どもが成長してハイハイするではない
ですか、夏の暑い時に、僕はそれを付き
合って見ているわけです。"ガンバレ　ガン
バレ"なんてやった時に、当時あまりクー
ラーなんていうものはなかった…お金もな
くて…それでも額に…赤ちゃんがですよ…
汗をにじませながら必死になって、それで
も前に進もうとするわけですよね。いまだ
に覚えている…じっと…感動しました。

何で感動したかというと、これほど一生
懸命になることが今の俺にはあるだろうか
と（笑）。

子どもってなんでこんなに一生懸命なん
だろうな…っと。こうやって大人になって
行くって子どもって"すごいなぁ"と。そう
いう思いがわいてきたから、時間を取られ
ているのではなくて、生活を見たくなった

というか…そういう思いになったのですね。

## 子育てから人間が巣立つことを
## 感じられたら、母親にも父親にも
## 大切な営みだと思う

子育てを義務感でやってしまう風になっ
たとしたら子育てって、こんな大変なこと
はないと思うのですけれども、そこに人間
が巣立っていくということを感じられたら、
こんなにおもしろいことはないということ
を、初めに体験させてもらいました。

最初はこういうことをやるなんてことは
全く思っていなかったのですけれども、意
外と子育てっていいね…っと最初の娘に教
えてもらったような気がします。

ですから2人目は、もうちょっと、ちゃん
とやってやろうなんて気持ちになったと今
でも思っています。

子どもの友だちも一緒によくあちこち行きました。

このようなことはあまり話したことないんですが。

🄺 そんな風に感じて子どもに向き合ってくれていたことで、正直言ってほっとしていました。今は研究しなくてはいけない時なのにと思うと、申し訳ないという気持ちもありました。半面、子どもは二人で育てるんだからいいんじゃないかと思ったり、揺れ動いていましたね。

## 仕事仲間と
## サポーターの有り難さ

### 子育ての仲間作り〜父親にもママ友

🅃 マンションには家庭が300何軒ありました。子どもを産んだ人がたくさんいたにも関わらず、外には1階に小さい砂場とあと駐車場だけ。子どもを遊ばせる場所がない。

それで1階のとある人の家によく集まりました。でも同じ人のところだと申し訳ないですから、金曜日の夜に「今日は○○さんところに集まろう！」と、子どもが寝てからですね…集まってはぺちゃくちゃぺちゃくちゃ何でもかんでも喋る会というのが始まって。あれがすごく楽しかったですね。

🄺 夫も入っていましたけれど…よく金妻の会かと言われていました（笑）。

🅃 父親は、僕一人だけ入っていたのですけれど、毎回ね。悩み相談だとかね、習い事とか、受験とか、（中には離婚したいんだけどとか）…そういう話も出ていました。でもね、そういうのが当時は当たり前っていうのかな。

子育てをしている人って、そうやって住んで仲間になって。それで、親も仲良くなって子も仲良くなっていきますでしょ。30年たって、今は直接つながりはないのですけれど、何かあったらやはり「どうしてる？」っと聞ける形でつながっている。今のお母さん方、そういうことをやってほしい

なと思いますけれどね。

## 核家族は地域の人の支えがないと子育てはできない

Ⓚ 今はファミリーサポートセンターがありますが、当時はそういう社会システムがなく、それこそ子どもが病気になったり、お迎えが間に合わなくなった時など、同じ団地の方に助けられました。

Ⓣ 僕の親父が危篤になった時にも、そうだったよね。

Ⓚ そう、私の父のお葬式の準備などでも、子どもたちを泊めさせてもらったり。

Ⓣ 両方の父親が続けて亡くなって。そういう時も皆さんが子どもを見ていてくださった。とても助かりました。

Ⓚ 今なら、多少は子どものことがわかるように思うんですが、当時は自分のことにせいいっぱい…なかなか子どもの気持ちがわからなかったなあという思いがすごくします。見るととってもほほえましくて大好きなんですけれども実は…長男は私にもっと甘えたかったでしょうし、二男のほうは逆に夫の方にもっと関わりを持ってほしかったかな、と思ってしまいます。

## 特定のサポーターがいなくなる？不安と絶望

Ⓚ 最初の子どもを育てている時には、私はけっこう切羽詰まっていました。当時、保育士をしていて、夜まで仕事がある日が結構ありました。娘は0歳児でしたが、彼が夜に見るだけでは全然間に合わない。それで週2日は近所の方で、年齢が近い男の子のいるおうちに、預かってもらっていました。

ある日、夜10時くらいに迎えに行くと、"申し訳ないけれどもう預かれない"っと言われたんです。もう私は目の前が真っ白になってしまって…明日からどうやって仕事をしていこうと思ったら、涙が滝のように流れてしまったんです。そしたらそれを見ていた彼女が"そう…そんなにたいへんなんだったらもうちょっと見てあげるね"って言ってくれたんですね。今でも思い出すと、胸が詰まります。そんなに切羽詰まっていたんだって。それと、同じような子どもを抱えて大変だったでしょうに、本当にありがたかったです。

…今だったらファミリーサポートセンターなどもありますが、サポートしてくださる方がいるのは本当にありがたいなあと思います。

私の頃はそういうのがなくて、核家族だったので、もう、いつも必死になってやっていたなあと思います。それでも、娘の幼児期はとても楽しかった…

Ⓣ だよね…

Ⓚ 長男も二男も楽しく…子育てね。

## 保育園でも子育て仲間をつくろう！

Ⓣ 子どもを保育園に預けたときに、当時保育園には父母の会というものがなかったのですよ。出来たばかりの保育園で、1期生でした。で、父母の会を作ろうとしたら、保育園ともなかなかうまくいかなくて…。

でもね、せっかく一緒に子育てをやっているのだからね、悩みを語りあったりしようということで、"やりませんか、やりませんか"っと、何人かで集まって…

Ⓚ 父母の会を作りました。園長先生は父母の会をつくると言ったら圧力団体になるのではないかと警戒していました。ですから園長先生に「安心してください。父母の会で政治運動をするのではなく、お母さん、お父さんたちが知り合いになって子育てを一緒に楽しみたいからつくるんです。園長先生が困るようなことはないですよ。」と話をしたのを覚えています。

Ⓣ それで、土曜日なんかに近所の公民館に集まっては、ぺちゃくちゃぺちゃくちゃ喋ったりしました。○○さん呼んであげない？ 最近○○さん見ないけど、どうしたんだろう？ ちょっと行ってあげない？ …当時ね、そうやってせっかく保育園で一緒の仲間になったんだったら、もっと一緒にわいわいしゃべりながら子育てしようという雰囲気がすごくありましたね。

Ⓚ そうね。今でも当時一緒に子育てした友達とはお付き合いがあるし、子ども同士も今でも友達づきあいをしているものね。

---

## 子育てで大事にしたいこと
### 〜夫婦の価値観の確認

### 大人が子どもを操作しない関わりを いろいろな体験をさせてあげたい

Ⓚ 大事にしたいことは何かというと…幼児期に私たち夫婦には共通してしていたことがありました。それは…子どもをあまり操作しない、子どもの気持を、私たち大人がこう…「あれしてみなさい」「これしてみなさい」とか、子どもの気持ちに添った形でだったらいいのですけれども、あまり大人が操作するようなそういう関わりをしない。私も保育士になってたので、そういうふうにしようと思っていましたし、夫の方もそ

う考えていたのですよね。

🅣 僕はね、専門が子どもの発達の研究なので
すよ。しかも心理学者ではなくて、発達の
人間学なのですけれどもね、ですから当時
ピアジェだとか何とかなんてことばかり
やっていて、そして発達とは何かなんてこ
ともとても論争があって、その中で一番共
感したのは"こどもって自分で自分を発達
させていく""今自分ができる力とあれやる
とかっこいいな…やりたいな"っていうふ
うに思っても、それをやるためには力が上
だって言う時に矛盾が生じるわけですよね。
その矛盾だとか葛藤が生じた時に、子ども
は自ら挑んでいくんだ。今の力が10だとし
たら11以上の力を発揮したらあんなことで
きるっていうときには自らいく。16か17
が必要ならやらないんだとかね。そのへん
のところを上手に見つけてやるためには、
子どもを自由に遊ばせるのが一番いい。そ

ういうこと（理論）が、僕には一番納得でき
たことでしたので、ですから子どもにはね
…何ていうかなあ…おもしろいところ連れ
ていってやるとかね、おもしろいものいっ
ぱい出会わせてやるとか、そういうことは
すごくやるけれども。それでどうやるかは
子どもが決めることで…というような…そ
れがすごく自分が納得した考えだった。そ
れで自分の子どもにも、できるだけ子ども
に選ばせていこう。そのかわりおもしろい
ところに連れて行ってやろうとか、おもし
ろいもの見せてやろうとかいうことは、一
生懸命やろうと。その理屈と自分の子育て
をできるだけ一致させようと。和恵には言
わなかったのですけれど、考えていたので
す。おそらくその点は一致していたのです。

🅚 そうね。そこはお互いに、特にそんな風に
は話はしなかったけれども、一致していた
のだなあと思います。ですから娘の幼児期
も子どものやることをとっても楽しみにし
て見ていられました…。

### テレビ・文字・絵本はいつから？ どうする？

🅣 （子育ては）試行錯誤の連続。当時言われて
いたことは全部やってみました。例えば娘は
3歳まではテレビは一切見せていないんで
す。何でかというと我が家にテレビは置か
なかったのです。

🅚 買えなかったんです。

Ⓣ 実は、買えなかったんです（大笑）。

Ⓚ ははは…本当はテレビ大好き人間なんです。彼は…ふふふ。

Ⓣ 僕はテレビっ子でね。でもね、テレビよりも実体験だ！ なんていうのもあったんです。

　3年間やったけれども、自分がテレビを全然見られない生活にだんだん耐えられなくなって…ははは…（笑）それで、子どもが3歳の時にゴミ捨て場（焼却場とかに捨ててあるものを）から1台もらってきて、テレビを見始めました…でもその当時、やっぱり、テレビに子守りをさせないとか、いろいろな本が出ていました。そういうことも学びながらやっていました。

Ⓚ 母原病とかね…そういう本が出ていた時代です。

Ⓚ 無理に子どもに字を教えたりというよりは、子どもと楽しく会話したりとか、いろいろなことを一緒に体験してみるとか。おもしろがって、子どもによく冒険はさせていましたね。娘も、4歳ぐらいで買い物に一人で行ってみたり。一度など、買い物に行っている途中で日が暮れてしまって、近所の八百屋のおじさんが家まで一緒に来てくれたことがあった。

Ⓣ 和恵は、保育士をやっていましたし、僕は発達の勉強をしていたから良かったのですけれども、両親の助けは全くなくて、本当の核家族で（子育てを）始めたのですよね、ですから右も左もわからないままやっていました。例えば絵本を読んであげるのはいいっということは聞いていました。僕らが子どもの時は絵本など豊かにあったわけではありませんからね、自分もやってもらったからこれをしてあげようというのではないわけですよ。

でも、やっぱり絵本1冊を選んであげたい。ところがどういう絵本がいいか全くわからないのですよ。知識がないから。それでしょうがないからいろいろ情報を集めたら、絵本の専門会社が当時あって、これだったら定評ありますよという本が…まとめて売っていたのですよね。あの時に、まとめて200冊くらいの絵本を一挙に、ばーんとね、何万円もだして買ったというようなことがあって。ともかくこれあたりがよさそうだというのを始めは手探りなのですけれども今考えたら、それはそれで良かったのかな、と思うことがたくさんあります。

## 妻の変容
## 〜夫の疑問・夫婦の話し合い

### 妻の子どもへのイライラ・
### 夫からの批判

🅣 いやあ、あのね、こんなこと言っていいのかわからないですが、3人目の子どもが生まれた頃から、特に一番上の娘に対しては、和恵の態度が…僕から見るとおかしくなって。

🅚 そうでした。長女が1年生になる頃ですね。それまで私自身も楽しくやってきたと思っていたのですが、私が娘が小学校1年生になってから…ものすごく娘のやること、なすことにイライラしはじめたのですね。もうとにかく、自分でも理由がわからないのです。娘がやっていることに…自分で説明がつかないけれど、とにかくイライライライラして。それで娘のやることなすことに文句を言ったり、いやみを言ったりしていて。そういう自分がものすごく辛くて嫌なんですね。自己嫌悪に陥るのですが、どうしていいかわからないっていう状況が続きました。

🅣 あのね、僕は5歳の子の世話というのが、和恵は苦手な感じがしました。ですからその当時は理屈もなにもなく、僕も一生懸命、一生懸命やってるだけでしたけれど。

あとから聞くと"アダルトチルドレン"というのはわかったのですが…その当時はそんな言葉もなくて。

ただ和恵が、小学校に入ってしばらくたった娘のやることなすことについて、全てケチをつけるような感じになったのですね。

### 自分でもどうしていいかわからない、
### 苦しくて自覚がない

それで、「何でそんなにケチばっかりつけるんだろう」っと言った時に、…もう覚えていないかもしれませんが、「私いつそんなケチつけた？」とかね。自覚していないんだ、と思ったことがあります。

それで、台所の横に"子どもにケチばかりつけるな！"って貼っておいたことがあったのです。

🅚 "ケチ"じゃなくて、「指示・命令をするな！」って。「あなたの言うことをテープに取っといてやろうか」とか、いろいろ言われたのですけれど…。そういうの、よく覚えています。

自分でも本当に苦しくてどうしようもなくて…辛かった。

🅣 あれは、本当にかわいそうでした…子どもが。何でそんな指示とか…例えば今でもよく覚えているのは、3〜4年生の頃、娘も学校があまりおもしろくなくて、ふてくされて帰って来たら、ランドセルの中の何かが"ガチャーン"と、落っこっちゃった。

自分でしゃがんで「もー」とふてぶてし

そうな態度でランドセルに戻した時に、和恵が戻ってきたんです。で彼女がそのふてぶてしい態度を見た時に、言う言葉がなかったのか…。「あんた！ なんで私の通るところ邪魔すんのよ！」って、こう言ったんですよ。

Ⓚ ホント？ 全然覚えていない。そんなひどいこと！ 今だったらそういうのがすごくわかるんですけれどその時は…

Ⓣ その時、「いくらなんでもそれはないだろう。別に邪魔しているわけじゃないじゃないか」って。

## わからないけれど、将来のために一緒に話し合ってみる

その時、夜にだいぶ話した記憶がありますね。何でそんなに言うのって。仕事とかでも、いろいろあるのだと思うのだけれど…このままいくと娘と母親の仲が、思春期になった時にね、確実に難しくなってしまう…その時にお互いにしんどい思いをするなと思ったので…なんとかしたかった、というのがあるんですよ。

　ただ、本当にわからない。わからなくて行動だけが…。そりゃないだろうというような感じのそういう時期でした。

Ⓚ そのあとですよね…しばらくしてからいろいろ、いろいろなことでわかってきて…アダルトチルドレンだとかいろいろな本がでて…自分自身を振り返った時に、私は1年

生の時に両親が離婚して…新しい母が来たのですね。その母は全くいじわるもしないですし、きちんと育ててくださったのですけれど…今もいい関係なんですけれど、ただ、私自身がすごくいい子ちゃんになってしまっていたんですね。

　とにかくお母さんに気に入られようとか、お母さんに悪く思われたらいけない、だからお母さんの顔色ばっかり見て、お母さんに気に入られるようにということばかり考えて、いい子いい子でやっていたんです。その時に、あんなのヤダとかキライとかって言えない…言えれば良かったんですけれど…そういうことを言わないで来たものだから、全部を自分の中に我慢してきてしまった…でも、我慢しているとは気づきませんでした。なぜかと言えば、自ら進んでその行動をとれば、母にほめてもらえたからです。「いい子」はそんな風にして作られるんですね。

　娘は幼児期からゆっくりとその子らしさを大事にして育ってきたので、そのようにのほほんとおおらかに育ちました。ところが、その姿に私の心の中の『こども』が「私はこんなじゃなかった」という思いだったのかな…そんな気持ちが娘に対してのイライラを作ってしまう。そうすると、娘を傷つけるような言葉が出てきてしまう。心の中から湧き上がってきてしまうので、本当に抑えられないんです。もう本当に苦し

かった…今思うと、まあ、のほほんと何の心配も気遣いもなく暮らしている娘がうらやましかったんですよね。

そういうことがあとでわかりました。その時は苦しくて苦しくて…今、子育て支援や市民講座など、いろんなところで話をしたりしていると、そういうお母さんがやっぱりいらっしゃいますよね。でも、そういう苦しさって、人にはわかってもらえないですよね。抑えることもできないのです、自分で。

何でかっていうと、心の中から沸き出てきちゃうようなものなんです。頭でわかっていることではないんですね。もう本当に苦しかったです。夫との関係でいえば、自分でも駄目だと感じていることを批判されて、でも改善もできない、それをわかってもらえないことも苦しかったですね。

## 共に学び、妻の苦しさを理解して夫婦で向き合う

Ⓣ そうなのね。でも当時は本当にわからなかったですね。ただ何でこんな子どものやることなすことね、ケチをつけてしまうのか。まあ細かく覚えていないのですけれども…。

それまで和恵が、子どもの頃に、ある意味では大変苦しい思いをしていたっていうか…新しくきたお母さんについて親類からお父さんが悪く言われるのもイヤだと思っ

た時に、私がいい子にならなければいけないという思いがあって、新しく来たお母さんも周りから変に思われたくない、だから和恵を厳しく育てる…。

例えば和恵が娘に、小学校低学年の時、朝6時から起きて…"ちゃんと家の周りを掃除したの？"とか強く言っていたらしいのですよ。今だったらよくわかるわけ。そういう風にしてたのが。

無理してやっていたのだけれど、今度は自分が親の番になると何でこの子は自分の部屋の片づけもきちんとやらないんだって、そんな思いがわいてきて、許せなくなったんだと思うんですよ。そういうことがたくさんあって。

和恵としては…わっ！ と出ちゃうのだけれども、それが母親としてまずいだろうな…ということもわかる…わかるのだけれど、なぜかそうなってしまう。"なぜかもわからない"結局その当時は、でもなんかイライラする。今だったらわかりますけれどね。

Ⓚ 数年間は苦しかったのですが、その後、娘に対する気持ちは大きく変わりました。きっかけになったのは、娘が書いた夏休みの宿題です。夏休み明けの保護者会に行くと、夏休みの宿題が置かれていました。一人ひとりの文章を読んでいると一人とっても面白い文章を書く子がいるんです。それにユーモラスな落ちもついていて、読んでいて思わずくすっと笑ってしまいました。それが

実は娘の宿題でした。その時に私は脳天を打たれたようなショックを受けました。

「ああこの人は私とは全然違う人なんだ。こんな面白い、個性的な子どもなんだ」と。その日をきっかけに娘に対する私の目が変わりました。なぜか不思議なことにすとんとツキ物が落ちたような変化が起きました。

その時に初めて、自分がなぜこのような態度になったのかと考えることができました。ちょうど『アダルトチルドレン』に関する本がたくさん出版された時期でした。結局どうしたかというと、本を読んで原因を理解しようとしました。でもそれだけでは私の中にいる『子ども』は癒されないのです。本当はそんなときはカウンセリングを受けるのでしょうね。私は夫に子どもの時の話をどんどん聞いてもらったんです。彼は「俺はカウンセラーじゃないから治療はできないよ。だけど話を聞いてあげることはできる」と言いました。

「ねえ、ねえ、聞いてくれる？こういう事があったけど」…言えなかったから…本当はくやしかったとか悲しかったとか…で、そういう作業をずいぶんやって…自分の心の中にいた「子ども」に、あの時あなた大変だったね、よくがんばったよねとか、本当はイヤだったんだよねと、「自分で自分をよしよししてあげる」…なんていう作業をずいぶんやって。

そしたら不思議なことに小さい時の記憶がどんどん出てきてですね、幼児期の記憶はそれまでほとんど覚えていなかったのですが、私ってこんな子どもだったんだなとか、ずいぶんそんな風に思い出したりして。そこから変わりましたね。

Ⓣ だいぶ一生懸命聞いたんです。こどもが6年生くらいになってからかなあ、変わってきましたね。

---

## 仕事と子育ての狭間で。夫も妻も自分の生き方を葛藤して模索した

### 夫の仕事と子育ての葛藤

Ⓚ 彼は彼で結局、大学の研究者として仕事をしなくてはいけない時に、子育ての真っ最中で。ずいぶんそういう葛藤もありながらですね…やりきったのですよね。

Ⓣ あまり人には言わないのですが、結局ね、東大なんていう所にいると30代から40代にその人の一生に残るような研究をしたり本を書いたりしなければ、全く評価されなくなるんですね。

それで、30代から40代、僕にとっては、育児が大変な時で、育児は手を抜くことはできるんですね…妻に任せてしまえばいいのでね。

ですが、今日帰ったらね…"今度〜行こ

う" "これ作ろう" とか言う時に、"関係な
い、自分でやれ" と僕は言えなかった。その
時はその時しかないのだから。そうすると
こっち（子育て）は手を抜きたくない。

　研究の方は、例えば、論文をひとつ書こ
うとしたら、1冊の本をずっと読んで、これ
難しい本だな…と思いながら、ここを引用
しようなんて思いながらやると、それに集
中しなければ書けないですよね。部分的に
やって2日ほどできなくなってしまって…
などとやると、前に読んだことを全部忘れ
てしまって…などということになって、な
かなか書けなくなりますし、根詰めて考え
られなくなる。結局ね、研究者として鋭い
仕事をするということがなかなかできなく
なる。

　そうすると周りから、"あいつは最近何も
やってないな" と聞こえてくるわけですよ。
それがね、それがある意味一番つらかった。
それで、ただ葛藤しているのがイヤだった
ということで、じゃあ、子育てと研究を両
方ともできることは不可能だから、どちら
かに重点を置くしかないじゃないか…と葛
藤して。

　子育ては今しかない、子どもとあれこれ
ある程度やると、あと40代後半50代に
なったら、もう1回研究に戻れるんだった
ら、そっちの方が多分自分にとっても子ど
もにとってもいいことだと思って、そこを
自分なりに切り抜けたということがありま

すね。女性は、研究と子育てとやってる人
は、常にそういうことを葛藤しているわけ
だから、これ、大変なことだなって本当に
思いますね。

　仕事と育児の両立というのは、僕にとっ
ては一番切実なテーマでしたね。でも今は、
いろいろなことを言っていますが、その時
の葛藤みたいなことが財産になっていると
思います。

## 妻は人生を模索して
## 自分の道を決断する

Ｋ　そうですね、私自身も自分の人生の中で、
この道でいいのかな…なんてずっと迷いな
がら、なかなか自分の道が定まらないでい
ました。

　というのは、彼と最初に知り合った時は
看護学生で、一緒に五月祭の実行委員会で

活動していましたが、病気になって退学をしてしまいました。この時は看護教育を受ける中で、もっと先進の看護のことを知りたいと思い、卒業後にはカナダに留学してもっと看護の勉強をしたいという道が見えていた所だったのです。それが突然に退学という形で目の前が閉ざされてしまって。今思い出してもその後の3年間くらいは色で表すと「灰色」。色のない世界のようなイメージでした。それでもその後いろいろな仕事をして結局、当時は保母と言いましたが、保母になってから結婚、子育て、途中で塾の経営に転職して…それでもずっと悩んで悩んで…何が私の道なんだろうと…悩みつつ子育てをしつつ…というような30代でした。結婚をして結婚生活も順調で、子どもにも恵まれて、幸せなんだからいいじゃないかというのは、違うんです。自分が自分に納得できないんです。だからどうすればいいかということも見えなくて。自分の生き方にもがいていた30代でした。

そのことではいつもいろいろ話をしていました。自分にはどんな職業が合っているのかと手あたり次第に調べてみましたが、そうそう見つかるものではないです。とりあえず、それを見つけるために大学へ行きたいと思いました。若い人と同じですね。でもそれに対しては、彼が「何のために大学に行くのかを明確にして行かないと意味がない」と反対でした。私としては、そんな

こと言っても納得できない。とりあえず大学へ行きたいと思いましたが、結局お金もないし無理でした。そんな中で気がついたことがありました。塾に来ている子どもたちの様子を見て、子どもの家庭状況や家族との関係性と子どもの学力は無関係ではない、子どもの心のあり様に大きな影響を与えるということにいろいろな意味で関心を持ちました。

結局42歳になってから、私は大学で学んでみようと思いました。その時、こう考えました。人生90歳時代だから今から10年間勉強しても、そのあと20年くらいは社会に貢献できると思いました。大学卒業後は大学院に行って、今の道があるのですけれどもね。

Ⓣ 一番下の子が4年生になった頃、"話があるの"って言って。"なあに"ってことで"私大学行きたい"…"えっ"て言って。

Ⓚ 次男が4年生の時ね。「仕事もあったので、夜の大学に行きたい」…みんなで家族会議をして…夫も子ども達もみんな「いいんじゃない。お母さん、がんばりなよ。」と。その時に彼が「せっかくなら昼間の大学でどっぷり大学生をやってみたら？」と言ってくれたんです。そんな選択肢があることを想定していなかったのですが、それもいいかなと思って、塾を他の人に譲ることにして、思い切って女子大生になりました。

Ⓣ 本格的に自分のやりたいこと、しかもね、

自分が一番悩んできた家族問題、家族のことを本格的に勉強したいと。それからすごく元気になった。

Ⓚ 子どもたちの生きることを応援するという姿勢を大事にしてきたことが、結果的に私が子どもからエールを送ってもらうことになったのです。とてもうれしかったし、お陰で一歩を踏み出すことができると思いました。誰かが何かをした時に、やる前から、「そんなことしたら、こうなっちゃうんじゃない？」とか、「それならもっとしっかり勉強しなくちゃなれないでしょ。」などと言わない。せっかくやってみようという気持ちがしぼんじゃいますよね。何かをしようっという時には、おもしろそうだね、やってみれば？ というような。そういう雰囲気を作っていったかなと思いますね。

## 親の生きる背中を見せて
## 子どもを育てる

Ⓣ 子どもたちに、子育てについては15歳くらいまで一生懸命やってあげるけれど、15歳すぎたら自分のことは自分で決めなさいというふうな、そういう形でやっていたのです。

今、和恵が4年間大学に行って、そのあと「もっと勉強したい」、「大学院に行きたい」っと結局52歳まで大学生活です。そうすると我が家は学生ばっかりなんです。私以外。（大笑）

中間試験期末試験の時、誰がごはんを作るの？（笑）でもね、その親の姿を見せてね、子どもにすごくいい影響を与えたと思っています。だって一生懸命生きているって、勉強しているって…なんかやはり親というのは、一生懸命生きているのだけれど、そのことの意味だとか姿が子どもなりに伝わっていくと…。

何も言いませんが…妻は背中を見せて、がんばって育てていたんだなって気がしますよ。夫婦でほめてもしょうがないですが（笑）。

## 親にしてもらってよかった…
## 子育てしながら親として
## 人間として成長できる

Ⓚ 私は、自分自身あまり母親からいつくしむという感じで育てられていないので、どうしたらよいのかわからないことがありました。そんな時に、「あなたのお母さんは、こんな時にどうした？」と夫に聞きました。そうすると「こんな風にしたよ。」と教えてくれるので、そうなのか、普通の親はそうするのかと頭で考えて子どもに接していたということがありました。

3人目にしてやっと、子どもに親にしてもらえたというのかしら…そういう思いがありますね。そういう意味では、母親失格なのかなぁなんて、ずっと思っていました。

Ⓣ でも、母親になったのは、本当に母親らし

くなったのは、3人目だったですね。

Ⓚ そうですね。それまでは、早く自分の時間がほしくて、早く寝てもらいたいし、何をやってても、子ども同士がけんかをしていても、「もういいかげんにして」と、勝手なことを言って、またイライラしてしまったり…そういう思いがすごくありました。今なら子どもが話すことを面白がって聞くと思うのですが、その時には「それで、それで、その先は？早く結論を言ってよ」というような気持ちでいっぱいだったように覚えています。

　だから3人目になって…やっとなんかこう…子どもってこんなもんなんだとか、ああ、本当に親にしてもらってよかったな…というふうに思いました。身体と心が一体化した感じで、子どもってこうなのか、心から愛おしいと感じることができるようになりました。この時期は、私が自分自身の心の中の「子ども」に向き合っていた時と重なっています。

Ⓣ あのね、3番目の子どもって、3人の子どもの中では1番、…何ていうかな…かんの虫の強いタイプのこどもで、感情のコントロールが上手じゃないんですね。「うわぁ」ってなった時に、理不尽なことをいってくるという感じがあって…僕らも…「また始まった、始まった」「近づくな、近づくな」って言っていたのですけれど（笑）。

　だから、まじめに親として聞いていると

「何バカなこといってるんだ」と頭にくることを平気で言ったりするのですけれども、思春期なんて余計そうなのですよね。

　でも僕が関心したのは、和恵がその子どもの無茶な言い分を怒らないで一生懸命聞くんですね。今、無茶なことを言ってくる息子は、将来、若い頃に親にグチャグチャ言ったなと言う風に反省するんだろうなと思って、そばで聞いていたのですが。

　僕が聞いたら「ばかやろう！！！」って言いたくなるようなことを平気でいうのですけれど、それをひたすら聞いていましたよね。でもそれはね、親としてすごく成長したんだなと思っていました。そんなこと言わなかったけれどもね。

Ⓚ でもね…私、人間として成長したと思います（笑）。あの、本当に若い時と今と比べると、やはり大人になったと思います。それは、子どもに育ててもらったというのもあるし、家族の中でみんなが成長したっていうのもあるのかな…と思いますね。

## この子たちは私たちが育った時代に生きるんじゃない。
## ──この子たちがたくましく生きればいいんだ

Ⓚ 子どもを育てる時に、小さい時は元気で十分と思いますが、やはり学校に行くといろいろ気になることがたくさん出てきますよね。

　偏差値だったり成績だったり学校だった

り。その時いつも私が考えたのは、「あ、この子たちは、私たちが育った時代に生きるんじゃない。塾の保護者会に行くとすごくあせるんですけれど、今の目先の偏差値なんかに惑わされて、一喜一憂してもしょうがない…この子たちがたくましく、生きればいいんだ、ということをとにかく自分に言い聞かせていました。

この子たちが私たちと違う世界…もっと世界中をまたにかけて生きるような時代に、子どもたちが大人になっていく。

その時に一番大事なのは精神的にタフであったり、人と上手に関われたり、いろいろな経験がものをいうのではないかな、あの小さい時の体験がものをいうなぁと思って。たくさん遊ばせましたね。

Ⓣ ともかくね、真ん中の子どもが小学校1年の頃に「これから一番大事なことはわかっているか」などとしゃべったことがありました。「なに？」と聞かれて、「ただひたすら遊ぶことだ」と。ともかく遊ぶこと…これ、実践しましたね。

大学の先生をやっていましたから、それを子どものプレッシャーにしてしまうことが一番イヤだったのです。勉強ができなければいけない…と、プレッシャーを与えてしまうのが。

自分は子どもの時に何が一番楽しかったかって…ひたすら遊んだことだったんです。それがいろいろな知恵を与えてくれた。

それは子どもたちも同じだろうと思って、ひたすら遊べって、その点では夫婦で一致して遊ばせてきました。それは結果として良かったですね。

Ⓚ その3人の子どもたちは、すごいです。自分たちでどんどんやりますし、私たちがあまりそれに対して、ああしろこうしろ言わなくても、まぁ困難を乗り越えていくんだろうなっていう人に何とか育ってくれましたね。そして、こうやってまた子どもたちが、同じように子どもの世話をしているという状況ですね。

Ⓣ 上の子が、今沖縄にいる、2番目の子はケルン（ドイツ）にいる、3番目の子はサンノゼ（アメリカ）にいる。

繰り返して行くんですね。たぶん子どもたちは、自分たちが体験したことを大事にしながら、また自分たちの子どもたちを適当に遊ばせながら育ててくれるんだと思っています。

Ⓚ すみません、大分長くなってしまいました。まるで自分の半生をさらけ出したような時間でした。ありがとうございました。

**司会** これまでの子育ての風景に笑いあり涙あり、大切なことが心に響きました。全く打ち合わせをしていないご夫婦の対談に（笑）、大きな拍手を！ありがとうございました。

3番目の子ども＝次男家族と今

# 第2章

## 子育て支援で
## 行政と市民が
## 協働するとは
## どういうこと？

「子育て支援」は少子化対策としてトップダウンの行政課題から
スタートしました。一方で、保育・福祉・学校現場からも、子ども
の眼の輝きがない、発達障害の行動特徴を持つ子どもが増え
た、子育てのつらさを抱え産後うつ症状の親が心配だと、ボトム
アップの課題も発生。

大人として、地域の一市民として、公民協働の子育て支援活動と
システムを作らなくてはなりません。

専門家でありながら市民の一人として、意識して複数の行政会
議に参加されていた汐見和恵先生に登場していただきました。

# 子育て支援で
# 行政と市民が協働するとは
# どういうこと？

汐見和恵
(当時：新渡戸文化短期大学教授)

（2019年8月3日研修会より）

日本は、どういう方向性をもって子育て支援をやってきたのでしょうか。そして「子育て支援施策の実現をめざす行政と市民の協働」とはどういうことなのでしょうか。

　この分野は私の専門ではありません*1が、いくつかの市で子育て支援、次世代育成支援推進協議会などで、子ども子育て新制度の施策作りにも関わってきましたので、今回は行政との協働に関して、専門家というよりも市民の立場から見て感じたことなどを以下に率直にまとめさせていただきます。

## 行政の会議と保育現場に、市民として（意識して）出てみると

### 少子化対策から始まった子育て支援
### ターゲットは働く母親と専業主婦

　少子化対策が日本の場合はどういう方向から行われてきたのかをお話しようと思います[図1]。みなさんは1.57ショックという言葉を聞いたことがありますか。最初に使われたのは1989年ですが、このあと合計特殊出生率*2がどんどん下がっていくわけです。それまでですと、60年に1回の丙午の年に出生率がぐっと下がりましたが、丙午でもないのに出生率がぐっと下がったわけです。丙午とは関係なく下がったのは一体どういうことだろう。「これは

*1　筆者プロフィール：一般社団法人家族・保育デザイン研究所所長、フレーベル西が丘みらい園元園長、新渡戸文化短期大学元教授。社会福祉士、保育士、保育ソーシャルワーカー。専門は社会福祉と家族社会学。

*2　合計特殊出生率：合計特殊出生率は「15〜49までの女性の年齢別出生率を合計したもの」で、一人の女性がその年齢別出生率で一生の間に生むとしたときの子どもの数に相当する（厚生労働省）。

ショック！」というのが「1.57ショック」の言葉の始まりになり学術用語としても使われるようになりました。この後、少子化がどんどん進んでいきます。

1994年にエンゼルプラン*3という名前で、少子化対策としての子育て支援施策を出しました。それが緊急保育対策等5カ年計画です。この時には、子育てと仕事が両立できるように子育て家庭を支援しようという方向で進みました。この対象は主にお母さんでした。ですからお母さんに対してどう子育てを支援するかということで、地域子育て支援センター*4を作ろう、保育園の開園時間を延長して長時間保育が出来るようにしよう、全国的に0歳児からの乳児保育の受け入れや障害児保育など多様な保育サービスを展開しよう、という施策を進めていったのです。

## 父親をターゲットとして
## 少子化・子育て支援対策を再スタート

5年後に新エンゼルプランとして保育所等の量の拡充を図るのですが、お母さんだけを子育て支援の対象にしても結局お父さんがそこに加われないのでは状況は変わらないということで、「少子化対策プラスワン」が打ち出され

ました。ちょうどその頃サムさんの出ているポスターが作られました。「子育てをしない男を、父とは呼ばない」というキャッチフレーズのポスターが駅をはじめいろいろな場所に貼られました。その結果、お父さんが子育てに関われるようになったかというと、それは難しいことでしたね。お父さん頑張ってと言われても…お父さんが子育てに関わりたいという気持ちがあっても職場で「僕、ちょっと今日子育てがあるから失礼する」というようなことはとても言える雰囲気ではありませんでした。父親個人ではどうにもならない事情の中で「お父さん、お父さん。子育て、子育てしましょうよ」と言っても、なかなか父親が子育てに参加できるような状況ではなかったというのが1990年代の終わり頃です。ですから、合計特殊出生率はその後もどんどん下がって1.26にまで下がっていくことになります。

## ワークライフバランスと
## ワークシェアリング

次に、国全体が子どもを産みやすく子育てしやすい社会にしていかないとどうにもならない、子育て中の人だけではなくて、若い人たちも子どもを産みたいと思える社会にしなければ、ということで「次世代育成支援対策推進協議会」ができていきます。

まずは大企業に行動計画を義務化し、男性が子育てに参加しやすくする仕組みづくりをし

---

*3 エンゼルプラン：1994年（平成6年）に文部・厚生・労働・建設（すべて旧省庁名）の4大臣合意によって策定された「今後の子育てのための施策の基本的方向について」と題する子育て支援10カ年計画案。

*4 地域子育て支援センター：エンゼルプランの「緊急保育対策等5か年事業」として、子育てを地域ぐるみで支援する体制の一環。親子で遊べる場所の提供と子育て相談事業などを行っている。

## ［図1］少子化対策これまでの取り組み

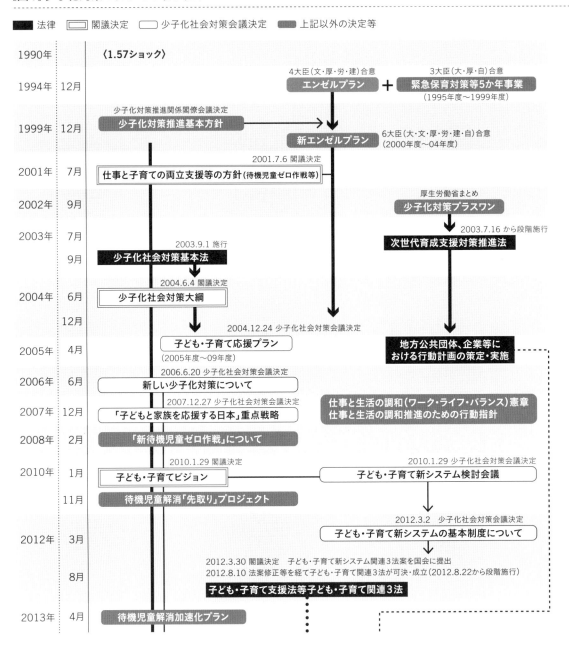

凡例：
■ 法律　□ 閣議決定　□ 少子化社会対策会議決定　■ 上記以外の決定等

|  | | |
|---|---|---|
| 1990年 | | 〈1.57ショック〉 |
| 1994年 12月 | | 4大臣(文・厚・労・建)合意　エンゼルプラン ＋ 3大臣(大・厚・自)合意　緊急保育対策等5か年事業 (1995年度〜1999年度) |
| 1999年 12月 | 少子化対策推進関係閣僚会議決定　少子化対策推進基本方針 → | 新エンゼルプラン　6大臣(大・文・厚・労・建・自)合意 (2000年度〜04年度) |
| 2001年 7月 | 2001.7.6 閣議決定　仕事と子育ての両立支援等の方針(待機児童ゼロ作戦等) | |
| 2002年 9月 | | 厚生労働省まとめ　少子化対策プラスワン |
| 2003年 7月 | | 次世代育成支援対策推進法　2003.7.16 から段階施行 |
| 9月 | 2003.9.1 施行　少子化社会対策基本法 | |
| 2004年 6月 | 2004.6.4 閣議決定　少子化社会対策大綱 | |
| 12月 | 2004.12.24 少子化社会対策会議決定 | |
| 2005年 4月 | 子ども・子育て応援プラン (2005年度〜09年度) | 地方公共団体、企業等における行動計画の策定・実施 |
| 2006年 6月 | 2006.6.20 少子化社会対策会議決定　新しい少子化対策について | |
| 2007年 12月 | 2007.12.27 少子化社会対策会議決定　「子どもと家族を応援する日本」重点戦略 | 仕事と生活の調和(ワーク・ライフ・バランス)憲章 仕事と生活の調和推進のための行動指針 |
| 2008年 2月 | 「新待機児童ゼロ作戦」について | |
| 2010年 1月 | 2010.1.29 閣議決定　子ども・子育てビジョン → | 2010.1.29 少子化社会対策会議決定　子ども・子育て新システム検討会議 |
| 11月 | 待機児童解消「先取り」プロジェクト | |
| 2012年 3月 | | 2012.3.2 少子化社会対策会議決定　子ども・子育て新システムの基本制度について |
| 8月 | 2012.3.30 閣議決定　子ども・子育て新システム関連3法案を国会に提出 2012.8.10 法案修正等を経て子ども・子育て関連3法が可決・成立(2012.8.22から段階施行) 子ども・子育て支援法等子ども・子育て関連3法 | |
| 2013年 4月 | 待機児童解消加速化プラン | |

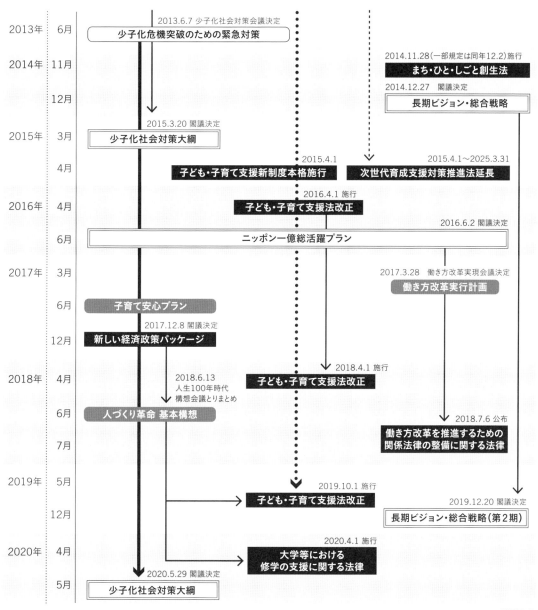

| | | |
|---|---|---|
| 2013年 | 6月 | 2013.6.7 少子化社会対策会議決定 少子化危機突破のための緊急対策 |
| 2014年 | 11月 | 2014.11.28（一部規定は同年12.2）施行 まち・ひと・しごと創生法 |
| | 12月 | 2014.12.27 閣議決定 長期ビジョン・総合戦略 |
| 2015年 | 3月 | 2015.3.20 閣議決定 少子化社会対策大綱 |
| | 4月 | 2015.4.1 子ども・子育て支援新制度本格施行 / 2015.4.1〜2025.3.31 次世代育成支援対策推進法延長 |
| 2016年 | 4月 | 2016.4.1 施行 子ども・子育て支援法改正 |
| | 6月 | 2016.6.2 閣議決定 ニッポン一億総活躍プラン |
| 2017年 | 3月 | 2017.3.28 働き方改革実現会議決定 働き方改革実行計画 |
| | 6月 | 子育て安心プラン |
| | 12月 | 2017.12.8 閣議決定 新しい経済政策パッケージ |
| 2018年 | 4月 | 2018.4.1 施行 子ども・子育て支援法改正 |
| | 6月 | 2018.6.13 人生100年時代構想会議とりまとめ 人づくり革命 基本構想 |
| | 7月 | 2018.7.6 公布 働き方改革を推進するための関係法律の整備に関する法律 |
| 2019年 | 5月 | 2019.10.1 施行 子ども・子育て支援法改正 |
| | 12月 | 2019.12.20 閣議決定 長期ビジョン・総合戦略（第2期） |
| 2020年 | 4月 | 2020.4.1 施行 大学等における修学の支援に関する法律 |
| | 5月 | 2020.5.29 閣議決定 少子化社会対策大綱 |

内閣府資料

仕事と子育ての両立支援
質と量の両面から支える

↓

本当に質を保障する
方向性に向かっているか？

仕事　子育て

よう、育児休暇を男性も取れるようにしようと始まりました。

　次世代、若い人たちの子育てを応援するための施策が進んでいったわけです。しかし、「ワーク・ライフ・バランス*5」もそうそううまくいくわけではありませんでした。やはり日本の就労環境や労働条件など社会構造全体を考えないと、仕事と家庭生活をバランスよくといっても実際は遅々として進まなかったのです［図2］。

　父親の育児休業率が上がったかというと、非常に低くて、今でも2％ちょっとです。その当時で1％ちょっとでしたから、企業がいくらバルーンをあげても現実に目の前で働いている

お父さんは変われないのです。それは、今もそうです。

　世界の年間労働時間の平均を見るとオランダの年間総労働時間が世界で1番短く、1300時間位、日本は1740時間位。フランス1600時間位、ドイツ1300時間位、スウェーデンも1600時間を切っていますね。このようにヨーロッパ諸国の総労働時間は大分短いです。それだけでなく、「ワークシェアリング*6」といって、オランダなどは多様な働き方が認められていて、なおかつ常勤、非常勤の賃金が同じなのです。常勤であろうと非常勤であろうと同一労働同一賃金、同じ時間だけ同じ仕事をした時の賃金の差がないと定めているのですね。一人一

*5　ワーク・ライフ・バランス：「仕事と生活の調和」を意味する。仕事に追われて疲れ果てている人、子育てや介護などで仕事との両立に悩む人など、将来への不安や豊かさを実感できないことが少子化、人口減少につながっている。内閣府を中心に仕事と生活の調和を目指した「憲章」「行動指針」を策定している。

*6　ワークシェアリング：オランダ、ドイツ、フランスなどでは同一労働同一賃金を基に、男女関係なくさまざまな業務ごとの仕事を分かち合う仕組みがある。それぞれのライフステージに合わせて、フルタイムで働く、パートタイムで働くなどの選択を保障している。

人が自分のライフステージの中で、仕事の仕方を考えることができる。そういう社会の仕組みがあってこそのワークシェアリングで、だからこそ、自分の生活を考えたワークとライフのバランスをとることができるのです。

日本の現状ではかなり難しいといえるでしょう。

先ほど日本の平均労働時間1740時間といいましたが、そこにはサービス残業が入っていません。うちの息子も仕事をしていますが、とにかく100時間位の残業はザラだそうです（現在は2019年に制定された働き方改革法で規制がある）。給料の中にあらかじめ25時間分の残業手当が入っているのだけれども、実際には残業が25時間で収まることはほとんどない、サービス残業をせざるを得ない、そんな状況で仕事をしている男性がたくさんいるのではないでしょうか。

そんな状況の中で家庭生活と仕事の両立をバランスよくといっても女性の負担は大きく、とても子どもは産めないとか、子どもは1人で精一杯というのも無理はないです。日本は合計特殊出生率が上がらないわけですね。

去年でも1.43です。ですからこのままでは人口は減り続けます。合計特殊出生率が2.08以上にならないと人口は増えていきません。1.43が1.60になったとしても、減り方がゆっくりになる位で、減ることには変わりないのですね。2050年の人口の予測というのは大体、8800万人位です。

このような状況下で、「子ども子育て支援施策」がつくられていきました。この施策の中でどんなことが行われてきたのか。国から基本方針が出てくると、各地方の自治体では、自分の地域で具体的な施策をつくるわけです。

### 施策の質と量の両立支援（その1）
## ニーズ・必要性・子どもの育ちの間で

2015年に、子ども子育て支援新制度に沿って地方自治体が子ども子育て支援のための事業計画を作っていきました。

少子化対策で始まった子育て支援施策に、「仕事と子育ての両立支援、保育の質と量」と書かれています。国の方針の中には、子育て支援活動を質と量の両面から支えると書いてあって、若い人から妊娠期、子育て期、そして幼稚園、保育園、地域、すべての人を対象にした支援となっています。しかし、本当に質を保障する方向性に向かっているのかなというのが、実際に関わっている中で私が感じている疑問です。

確かに、量の保障というのはいろいろされています。ご存じのように、待機児童が都市部で問題になっています。特に都市部の0、1、2歳までの乳幼児ですね。待機児童の解消ばかりを追及した結果、都市部でさえも定員割れを起こしているところもあります。例えば東京のM区では相当数の保育園をつくっており、0歳児が今、定員割れをしています。数も増えて質も良くなれば、非常にいいなと思うんですけれど

[図3] 量の保障が優先される施策

**待機児童問題**（解消法）

**小規模保育所、認証保育所、
家庭的保育の増設など**

**認可保育所の定員超過**

**認可保育所の認可基準緩和**

も、そこがなかなか難しいところです。待機児童解消の1つには、現在ある認可保育所の定員を増やして入れる方法があります [図3]。

「児童福祉施設の設備及び運営に関する基準*7」という法律があり、認可保育所はその基準を下回ってはいけないのです。最低基準です。最高ではなくて。いいかえれば、最低の基準さえクリアすれば認可保育所として認められます。

保育所にはいろいろなタイプがあります。小規模保育所*8のように19名以下の保育園（園庭のないマンションやビルの一室の小さな保育室が多い）もありますし、認証保育所*9という保育所もあ

ります。認証保育所は認可保育所*10の基準は満たしていないけれども東京都が独自に基準をつくって、無認可よりはいいという保育所ですが、それがビルの1室などにどんどん増えています。横浜保育室も同様の施設ですね。

小規模保育所や認証保育所のすべてが悪い訳ではないです。条件が厳しい中で一生懸命にやっている園もあります。ただ、認可保育園に比して、設置基準が緩いので子どもの育つ環境としては、考えさせられることもあります。

待機児童を解消するためにはまずは箱物を作って、子どもを入所させれば待機児童数は減少するという方向性に、子どもの育ちの質を保障するための保育の質の議論がなされないままに進められていることが問題なのです。

## 施策の質と量の両立支援（その2）
## 保育の安全性に関わる資格や
## 最低基準の見直し

例えば家庭的保育室なども以前は資格が必要でした。保育士、看護師、教員など資格を持っている人たちが自宅などで家庭的保育室をしていました。現在は、その基準を緩和して、一定の講習を受ければ資格が取れる、家庭的保育室が出来ますよということになりました。家庭的保育室が比較的、手に届きやすい制度になったわけですが、専門性という点では果たし

*7　児童福祉施設の設備及び運営に関する基準：児童福祉法に定められている児童福祉施設（助産施設、乳児院、母子生活支援施設、保育所、児童厚生施設、児童養護施設等10施設）における職員の職種、職員配置基準、部屋の面積その他、設置基準などが定められている。

*8　小規模保育所：2015年に「子ども子育て支援法」によってつくられた、0〜2歳までの子どもを預ける定員6〜19人までの認可保育施設。施設の規模や職員の資格でA型、B型、C型に分けられている。

*9　認証保育所：東京都の「東京都認証保育所事業実施要綱4」に定めた基準によって認証を受けた保育所。A型（0〜5歳児、定員20〜120名）、B型（0〜2歳児、定員6〜29名）のタイプがあり、それぞれに東京都の基準がある。

*10　認可保育所：児童福祉法に基づく児童福祉施設で、国が定めた設置基準（施設の広さ、保育士等の職員数、給食設備、防災管理、衛生管理等）を満たしており、都道府県知事に認可された保育所。

て大丈夫だろうかという不安が多くのところから出されました。

子ども子育て支援新制度になってからは、家庭的保育室も規模を大きくして連携保育所を作りながら一緒にやって行きましょうという方向になりましたので、そこはいいと思いますが、保育の専門性では少し心配なところもあります。

「認可保育所の認可基準の緩和」については、大きくは「定員超過」と「職員配置基準」の2つが問題だと思います。定員については、100名定員の保育園であれば、最大125%までは児童の入所が認められるようになっています。定員を超過しても待機児童を優先してくださいということです。実際には施設基準すれすれで認可された園が、125%の児童を入所させたら、認可基準を下回っていることもあるわけです。そこには目をつぶっているのが、現状です。これって変ですね。

ゆとりのある園でしたら多少子どもが増えてもいいかと思いますが、多くの園では施設基準を何とかクリアしたということが多いわけです。そこに定員以上の子どもを入所させれば当然ながら、保育者の負担が増しますから、子どもと丁寧に関われないということになります。

もう一つは、職員配置基準の問題です。0歳児は、子ども3人に対して職員1人。1〜2歳だと子ども6人に対して保育士が1人、というのが国の配置基準ですが、必ずしも同じ職員がずっと8時間いなくていいことになっているの

です。0歳児9人のところに3人先生が必要ですね。3人先生がいればいいというのは、その時間ごとに3人いればいいと考えて、例えば8時間、園にいる子どもに先生が時間ごとに入れ替わってもいいわけです。実際に、0歳児クラスに正規職員が1名しかいなくて、後の2人分は短時間パート保育士が4人で時間交代で対応しているということもあります。

私は第3者評価でいろいろな保育園に行きますが、園によって職員配置の差が大分あります。例えばクラス担任はみな常勤職員が担当することを方針としている園もあります。

基準緩和を基本的な経営方針とする園では、核となる時間帯もパート保育士が交代で保育に入っていて、保育日誌や連絡帳は常勤保育士だけが担当するという場合もあります。常勤保育士の負担は増えるばかりですし、担当クラスの子どもについての話し合いや、保育方針などへの向き合い方も当然ながら違ってくるでしょう。

園の運営方針を見れば、どのように保育を考えているかがある程度わかります。今お話した職員配置、常勤職員の割合というところにも表れてきますね。それから、職員の年齢層のバランスですね。若い人ばかりで経験のある人が1人2人しかいない園もあれば、ある程度年齢がバランスよく配置されている園もあります。毎年多くの職員が辞めてしまうところでは、20代の職員が園長をしていたり、2年目の職員が主任をやっているという園もありました。この

ような現状を目の当たりにすると、子どもの育ち＝保育の質を大事にするような施策が現場のところに届いているのか、そもそもそんな視点をもっているのかと思わざるを得ないのです。結局このような働き方では、保育が楽しいとか、子どもが面白いと感じる余裕もなく、とにかく日々を過ごすことに精一杯になってしまい、子どもの育ちに丁寧に向き合いたくてもできません、そんなことを要求されたらもう苦しくなってしまいます、保育士はもう無理です、ということになっていきますから、保育士資格を持っている人が潜在保育士としてたくさんいても、現場にはなかなか戻ってきてくれないという悪循環にもつながるのではないでしょうか。

## 多様な市民と行政協働の子育て支援施策作り

行政の施策作りの中では、次世代育成支援推進協議会をはじめ、子育て支援施策づくりに東京及び近県の複数の区や市に関わっています[図4]。

A市では「子ども子育ち子育ていきいき計画*11」があります。ここでは、子ども子育て育成支援施策作りだけでなく、市の子ども子育て支援施策の事業評価を毎年やってきました。B市では、幼児教育の振興委員会で幼稚園と保育園の幼児教育を一体化しようという動きの中で、市として幼稚園、保育園の教育の一体化をどう進めていくかという施策作りをしていました。

C市では子ども子育て支援会議で子育て支援施策づくりをしました。特にここでは、妊娠期から切れ目のない子育てと家庭への丁寧なサポート（ネウボラ*12）の仕組みをつくりました。そういう施策作りに、実はいろいろな立場から市民が参加するわけです。

### 「時間をかけると予算がない」ことからの会議スタイルの脱却

委員会には幼稚園、保育園、学童クラブの方、民生委員の方も参加しますし、その地域の小中高の校長先生。それから高齢者、保健福祉センターや児童相談所の方や発達支援センターの方や地域の子育て支援をやっている方。とにかく子どもに関わる人たちがみんな参加します。

A市では「保健福祉計画*13」にも関わっていましたが、その時には高齢者も含めて参加していました。

*12　ネウボラ：フィンランドの、妊娠期から子どもの小学校入学まで、担当保健師が母親だけでなく、父親及びその家庭を物心両面で支える制度。日本にもそれを取り入れている自治体が「妊娠期から切れ目のない支援」としてネウボラを実施している。

*13　保健福祉計画：社会福祉法の市町村地域福祉計画（高齢者保健福祉計画・介護保険事業計画、障害者計画・障害福祉計画、子育て・子育ちいきいき計画、健康増進計画）の中の高齢者の保健福祉計画を指す。

*11　子ども子育ち子育ていきいき計画：2012年に子ども子育て支援新制度が制定され、それに準じて市町村は市町村子ども子育て支援事業計画を実施することが義務づけられた。この名称はA市が独自に考えたもの。

[図4] 施策づくりに委員として参加する意味

施策の方向性や提案に問題がないか、しっかりみていく

関係機関や施設、地域社会などの実情を知らせ、具体案を提案する

何がどう問題なのかを明確にする

対立するのではなく、共によいものをつくろうという姿勢を伝える

子ども子育て支援の計画を作りましょうという会議で、施策を土台から作っていって、最終的には報告書を作成します。その会議の最初にすごく不思議だと思ったことがあります。

子育て支援施策を策定して、報告書を作成するために委員会を開催するのですが、会議回数を見ると、どこの自治体も3回4回なんですね。実際にみんなが本当に話し合って具体的な施策をあんな風にしよう、こんな風にしようと決めて、それを報告書にするのは、そう簡単じゃないですね。報告書の案を作って、その文章を見直してなどということは相当やり取りに回数がいると思いますよね。それが、本当にびっくりしましたけれど3回4回しかない。それも時間も2時間位しかとらないんです。なぜそんなことがあるのかというと、ほとんどの場合はすでに役所内で大まかな案をつくってあり、それに沿って問題がなければ次に進みましょうというような筋書きを持っているからではな

いかと思いました。

A市では、市民が大変活発に意見を言いますので、「まず回数が少なすぎる。これでは充分な話し合いができないし、本当に市民の立場に立って何とかしようとするのであれば、もう少し市民の声を反映させたようなものにしなければいけない」という声が出てきました。行政の方はそうは言っても予算が…とか言われる。時間も夜6時半から8時半まででおしまいと言うのですが、とっても終わらない。私たちの時には9時半くらいまでやったりしました。

施策作りを本当にやろうと思ったら、会合が3回4回ではとてもとてもできないので、しっかりとしたものを作るためにもっと回数を増やしましょうと、一緒に参加している方々が提案して、それを市の方では前向きに受け止めてくれて進めたこともあり、自分たちが施策づくりにしっかりとかかわったという思いを持てました。

## 待機児童の到達目標と現実の家庭状況との乖離

5年間の施策を作る場合には、5年後に到達度を100％にすると決めた数値を目標にする。例えば待機児童を解消するための施策だと、現状の待機児童が何人で、地域の将来予想が何人。何人位子どもが生まれて、現状保育園に何人くらい子どもが入っていて、待機児童はこの位になるはずだから5年後にこれだけ数を増やしていけば待機児童はいなくなります、というように。

実際には待機児童数はそうはいかないです。出産を契機に仕事を辞めて専業主婦になった人が、保育園に子どもを預けて仕事をしたくても、夫が夜遅くまで仕事をしている中で、自分も仕事ができるかというと実際は難しい。他にもいろいろな状況があると、簡単に保育園に子どもを預けて仕事をしましょうとはならない。でも機会があるなら保育園を利用したいという潜在利用希望者は結構いると思います。その数字はどこにも出てきていません。

その時に計算上で見えている数値をもってそれを100％達成するという前提で作ることになっている。だからいつまでたっても待機児童数は解消しません。さらに保育園利用希望者が増えるので、また、新たな数値目標を次の5年間で立てて、5年後の目標を100％達成とする。100％達成に意味があるのでしょうか。

## 子どもの施策作りには、子どもの今の姿、将来の姿が見えなければ

事業評価等をしていると、市政がよく見えてきます。例えば、子どもの人権の施策では、虐待の防止だとか、子ども一人ひとりが自分の居場所になっている場所を作れているか、または子どもが本当に人権を侵害されていないだろうか、子ども自身が自分で意見を発するような場はあるかなど、市民側からいろいろなことが意見として出てきます。

A市では、子どもの権利条約がまだ批准されていません。しかし、子どもの権利は当然守るべきことです。当然ですが、施策の中には入れていきます。それがどういう風な形になったかというと、子どもの権利についてのパンフレットを配ることと子どもの電話110番に応じることでした。

私が最初にした事業評価では、パンフレットを配ったから到達目標は100パーセント到達したというのがありました。子どもがパンフレットを読んだからといって何か行動が変わったり相談が増えたり、そういうことがどうやったらわかるのか？ または目標を作る前に、どういう姿にしたいと考えているの？ 等、市民の方から随分意見を出しました。

子どもの施策作りをする時には、子ども子育て支援課、公園課、母子保健課などすべての部署で子ども子育て支援施策案を作る訳ですよね。そういう時に、子どものどういう姿をイメージして施策を作るの？ と言った時に、ま

ず具体的な姿がなかなか見えてこない…子ど
もの権利で見えてくる姿は、どうありたいと
思ってこれを作るのですか？ と言った時に、
子どもの権利というのは、こうこうこういうこ
とだからこういう姿でありたい、という事が、
出て来なかったのです。これでは、何をどう評
価しても不明瞭になるので、次の年には各課で
どういう姿でありたいか、ということを出し
て、今後はそのために何をどうするかというこ
とを数字だけではなくて質的なものも具体的
なものとして出してみてください…という風
に進めました。数値目標だけではなく質的評価
の指標も出しました。

　子育て支援の子どもの権利といっても各課
で随分イメージが違うのです。子ども子育て支
援課はメインの課だけに具体的ですが、他のと
ころだととてもボヤっとしていて、イメージが
できないまま取り合えず今までの施策になぞ
らえてつくっているように思いました。公民館
の活動もそうなのですが、子どもが来やすいよ
うな居場所になるようにと言っているのです
が、そこが本当に居場所になっていますか、本
当に使いやすい工夫をしていますかというと、
なかなかそうではない。例えば親の許可がない
と小学生は自由に申し込みができないとか、
ちょっと使いにくいよねということになりま
した。

　もっと子どもを信頼してみたら。そもそも子
どもに意見を聞いてみたらいいんじゃないか。
子どもの居場所なんだからという発想がそこ

[図5] 行政と市民の協働へ

行政に頼るのではなく、
お客様扱いをされるのでもなく、
めざす地域社会の実現を柔軟に
考える土壌をつくる

↓

関係のつくり方はさまざま
委託事業、市民主体の活動を支援
行政主体の事業への提案など

にはありません [図5]。

## 市民・当事者の意見に耳を傾けた
## 行政と協働する

　次の事業評価の時には、いくつか主たる課で
インタビューをしましょう！ ということにな
りました。公園課、図書館、子育て支援課など
に来てもらって、子どもの居場所作りという
テーマで自分たちがどんな風に課題を持って
どんな工夫をしていますかと、事業評価委員が
インタビューしました。

　そうするととてもおもしろいことに、各課に
よって同じことでも意識が違い、取り組みの姿
勢が違うので、その目指すものが随分と違うこ
とがわかってきたのです。

　子どもの権利に関していえば、最初の頃はた

だパンフレットを配るだけでしたが、その次からはこれでは質的なものが全く見えてこないし、子どもたちの姿がどう変わったのかわからない。じゃあどうしましょうか？ と言った時に、市の方で考えたのが、各小学校に出向いて具体的に説明します、ということをやってくれるわけです。その後、各課の事業評価を見ると確かにそうしたことによって、子どもの電話相談の回数が増えていきました。子どもたちが少し身近に感じて、親にも言えないこと、先生にも言いたくないことを子どもの相談電話に電話をしてきてくれるということがありました。市民のほうも、市のやっていることを具体的に見て提案していかないと。行政側も、どうしていいのかわからないところもあるのかなと思いました。

至らないところは見えやすいのですね。ここがちょっと不足なんじゃないか、ここってちょっとダメじゃないかとか、そういうところは見えやすい。ですが、行政の人と一緒にやっていてすごく感じたのが、現場でやっている行政職員の人は本当に一生懸命にやっているということでした。こちらがいろいろ言った意見を次回までにまとめて分析して、いろいろなデータを出してとか一生懸命やっている。一生懸命やろうという姿勢はわかるわけです。ですが、向かう方向が具体化しないからどうしていいかわからなかったり、または今まで通りにやってみたりとか。

やっぱり、ダメでしょ、ダメでしょなんてこ

とだけを言うとあちらも構えてしまうのですね。だから具体的に提案して、こんなところすごいね、よかったわとか、よかったことをきちんと認めて関係作りもしました。

それから、施策作りに参加する委員さんは、市民からの公募もありますが、自分の所属を背負ってくる方がほとんどなので、具体的に自分たちの足元の問題をどんどん言っていくことはとても大事だと思いました。

## 入学後の子どもの安心・安全の居場所の深刻さ（小1プロブレム）

例えば学童ですが、今はどこも数が足りないので希望者が入れない。前よりも待機児童数が多いということは働いている保護者が増加しているからです。

学童クラブに入れても、狭い中にものすごい人数の子どもたちがいる状況で、先生たちが一人ひとりの子どもに丁寧にかかわる余裕がない。特別に配慮が必要なお子さんが、その配慮がなかなかなされないで、行きにくい状況になってしまったということが結構ありました。本当に一人ひとりの子どもが気持ちよく過ごせるか、どの子にも配慮されて、障害のあるお子さんだけではなくてすべての子ども一人ひとりに配慮してできるかと考えた時には、課題が多いと思いました。課題が具体的に出されていかないと、その次にどういう風にしていくかということがなかなか出てこないですよね。

## 状況を視覚的に訴える・利用者の目線に立っているか

　言葉だけで聞くより、写真を持ってきて、その状況を視覚的に訴えるともっと効果がありますね。

　これから行政の方といろいろやっていく時に、行政の方も一生懸命やろうという気持ちはとてもあります。ですが、具体的なイメージが出来にくいと推進力に欠けることはあると思います。

　市民の中には新しい視点や多様な視点を持っている方がたくさんいらっしゃいます。そんなやり方もあるのかとか、そういうところは知らなかったとか、具体的に聞いてみたら確かにそこは問題でしたねということがずいぶんあります。

　でも、その内容を具体的に提案して、文書にしないと、言葉だけでは消えていきます。その後に予算を組んで人を配置するようにしないと変わりません。

　施策作りは行政主導で大きい道筋は決まるのですが、市民の日々の生活のための施策なので、私たちがよりよいものにしていこうよと意見を言うということは、ものすごく大事です。そういう意味では、「利用者の目線に立っているのかな」と言うことを常に訴えていくことが大事だと思います。

# 利用しやすい子育て支援を目指して

## 自分が使うことが具体的にイメージできるか

　子育て支援施設をまずは多くの方に利用してもらうことがとても大事です。行こうと思ったけれど、どこにあるのか情報もなくて、ということだと使いにくいです。利用するための情報がわかりやすく公開されているかどうか、市民の目線から訴えることが大事だと思います。私は自分の住んでいる国分寺市のホームページもよく見ていますので、委員会では市の方にも伝えます。例えば情報が判りやすく公開されているかどうか。

　どうですか？ お母さんが赤ちゃんを産みました。出産後は産休や育休を取りますからだいたい家にいるわけです。全国平均で0歳児の子どもさんを持っているお母さんが家庭にいる割合が91％以上です。そういう人たちが情報を得やすくなっていますか？

　今の方はほとんどスマホで見ますね。スマホで情報を見た時に、すぐにほしい情報が見つかりますか、内容は利用してみたいなと思えるものでしょうか、または実際に利用してみて利用しやすかったでしょうか、こういうことがとても大事です。今の若いお母さんたちの中には、周りにすごく気を使って、聞けばいいのに聞か

ないとか、そういうこともよくあります。聞かないで自分の中で、もういいやと思って帰ってしまいましたということもあります。

　例えば、ある子育て支援センターのホームページでは、載っているのが所在地、電話番号、FAX番号だけです。これを見て子育て中のお母さんが、赤ちゃんが生後1か月過ぎたし、どこか行きましょうとホームページを見ました。これだとどうでしょうか、ここに行ったら何があるのだろうとか、子どもを連れて行って、私がどうできるだろうかとイメージできますか？ ほとんどできないでしょう。写真もありません。これは本当に利用者目線ですか？ ということです。情報を載せているからいいだろうと思っているのでしょうが、やはり市民の目線で見た時に、これではお母さん方は使わないでしょう。そう言わないとおそらく気がつかないのかなと思います。これは子どものことだけでなくて、いろいろなところでありますね。

## 行政の会議で日常生活の気になっていることを話す市民の自覚

　ここで最も言いたいところは、市民がどういう地域をめざしているのかとか、子どもの姿を行政の方々と会議の場で話すことが、とても大事だということです。例えば、公園のことがあります。ある市では101ヶ所公園があり、その中で子どもがどのくらい遊んでいるのか見て行くと、あまり遊んでいない。広い公園で遊べるところはあるけれど、冒険遊び場の人が来て

いろいろ遊んでくれるときはいいですが、子どもが自由には遊びにくいという意見もありました。いろいろなところに公園はあるけれど、何かあんまり行きたくなくて、高齢の人もそういうところに行かないというような状況になっています。

　不審者や犯罪者対策で全部木を切ってしまって、見通しはいいけれど、夏は炎天下で暑すぎて誰も近づかなくなっているとか。それから砂場があるのですが、砂場は今、猫のフンがあったりとかで不潔で使えない。何といいますか、数だけあって潤いがないというか。会議でも、町の中に公園があっても、本当にこういう姿の公園を私たちが求めているのだろうか、という話も出ました。あるところでは、公園にボールを持って入るなと書いてあって、結局子どもたちはボール遊びをしようと思っても遊ぶところがないよねとなってしまう。条件からして子どもに開放されていないということが結構あります。みんなで話した時に、「どんな公園だったら行きたくなるかなあ」今、不審者が多いし。じゃあ、「遊んでいる子どもたちを自然に見守りができる公園ってどう？」と言う話も出ました。

## 韓国でみた多世代の市民みんなが過ごしやすくて、子どもを見守る公園

　私が韓国のソウルに行った時のことなのですが。高齢者の方も結構町に出ていて、公園で囲碁をやったり将棋をやったりしているんで

す。ストレッチや筋トレができる公園も結構ありました。高齢の人が公園に行って、運動ができれば、結構みんな集まってくるのだなあと思いました。

いろんな世代の人が公園にいれば、子どもの見守りになるねと、みんなで話していて。この公園って気持ちいいねと、大人にも居心地がいい公園だったらどうでしょう。公園の木陰で大人が何となく一休みしている時に、地域の子どもが遊んでいるっていう姿があると、結局それが自然の見守りになると思いますね。いつもいる地域の人ならば子どももわかりますし、お互いに面識がある者同士の安心感がありますね。

今の子育て中のお母さんは24時間365日、子どもの世話をずっとしなければいけないのです。公園に行っても遊んでいる子どもを見て、子ども同士のちょっとしたことでも、周りのお母さんの目を気にして、自分の子どもを叱ったり、ちょっとしたことで遊びのすべてに口を出してしまうような姿もあります。そうではなくて、お母さんたちがゆったりと子どもを見守る姿があったらいいね、という話が会議でも出ました。

それには公園課の方も関わってくれないとなりません。子育て支援課だけではだめなのです。公園課がそれは東京都の土地で…とか他のいろいろな話になってしまうこともあります。ですが、「私たち市民はこういうことを求めているよ」とか「こういう町にしたいんです」ということを言っていかないと、市民の声が届きません。皆でなるべく具体的に話をしてきました。

## 保護者支援・子育て支援で一番大事なことは子どもが育つこと

そして、もうひとつ、利用者の目線に立っているかどうかについてです。**利用者の目線に立つというと、利用者は誰になりますか？**

保育園の第三者評価では、利用者を対象としていますので、子どもの声は聞いていません。利用者は保護者だけでなく、子どもが入らなくてはいけません。そこで育つ子どもが育たなければいけないですよね。

私は保護者支援、地域の子育て支援の話をすることが多いのですが、一番大事なのは子どもが育つことだということを最初にお話しします。

まずは、子どもが育つということ。それがあってこその親支援だと思っています。園で子どもを育て、保護者も支援する。保護者の支援は並大抵のことではないという場合もあるわけです。もちろんできる限りのことをしますが、一生社会からサポートが必要な人もいます。そのような保護者を変えるなどできません。ですが、たくさんの困難や課題がある人であっても、そこで**子どもが育っていく姿を見た時に、どれだけ勇気づけられて、救われるだろ**うかと思います。ですから、**どんな家庭にあっても園や社会で子どもが育つことがとても大事**なのです。

そういう意味で、保育園、幼稚園などが真に

子どもが育つ場であるのか？が、重要になってきます。

利用者の目線でもうひとつ、子どもの居場所といいながら子どもの意見を聞いていますか？ということです。子どもの意見を聞かないでどうやって子ども中心、子ども主体といえるのだろうと思います。

A市の事業評価で、ある年に「子どもの居場所」に着目して事業評価を行った時、子どもの居場所が本当にあるのか、子どもが使いやすいようになっているのか。例えば公民館や児童館にしても、そこを利用する子どもたちの意見を聞いて改善しているのか、または子どもたちがいつでも使いやすくなっているのか。子ども自身が自分たちの場所だとして主体的に活動したり、管理なども自分たちで責任をもってやれるような機会があるのか。ということに着目していかないとと思います。

## 子どもの意見を聞いて、子ども主体でことを決めていく

**子ども主体というのは、子どもが自ら考えたり、意見を出し合ったりして、役割を担うこと。**

子ども主体といっても大人が全部仕切ってしまっては、子どもは主体的になれません。公民館や児童館など、子どもがそこで自分たちの意見を言いながら、子どもが失敗したりうまくいかなかったりも含めて、自分たちの生活を実現できる、楽しみの場になっているのか [図6]。

例えば、公民館などで、中学生が来て場所を

[図6] 暮らしやすい地域社会へ

**いろいろな世代が交流できる場**

**利用しやすいしくみ**

**例) 子どもの居場所づくり**

**子どもに意見をきいているか?**

**子どもが主体になっているか?**

**子どもが利用しやすい工夫があるか?**

貸してほしいと言ったときにすぐに借りられるようにするとか。公民館は保護者の許可はいらないでしょう、そういう風にしませんかということで、中学生の居場所が実態を伴った場に変わったりするわけです。

B市では、子ども子育て支援の施策作りはまず、子どもにも意見を聞こうということで、小学生、中学生、高校生まで全生徒にアンケートを取りました。子どもたちの意見を聞かないで、なんで子ども子育て支援の施策なのか、基本的にそこが抜けていたらいけないよね、ということを話しました。

今は保育園も公設民営化が進んでいます。民営化するにあたって、プロポーザル方式（複数の者に企画を提案してもらい、その中から優れた提案を行った者を選定すること）で、いくつかのところか

ら企画を出してもらって、選定した園に委託します。手を挙げてくださったところには、なるべく子ども主体で、子ども目線で、ここだったらお任せできるという園を選びたいわけです。

選定委員を経験しましたが、複数の委員がいろいろな意見を話して選定の点数をつけて、順位をつけていきます。

## 利用者の子ども目線で考えたいこと、保護者の目線も検討したいこと

実際に候補の保育園を見学して決めるのですが、ある市で、選定委員の投票で1、2、3位まで絞って、その3つの園を実際に見に行きましたが、すごく違和感を感じたことがありました。

最初に行ったのは3位のところで、定員100名の社会福祉法人でした。書類で見ると保育の内容もまあまあ良い内容でした。次は実際の見学です。子ども達が散歩から園に戻ってきました。お部屋に入りましたが、わっと入ってきてクールダウンする間もなくご飯を食べ始めました。ちょっとそこが落ち着かなくて、この場所の使い方はどうだろうとか、もうちょっと落ち着いた雰囲気になってから食事をするような運びができていたらいいなといったことを感じました。

いろいろ製作物も置いてあります。色別に色鉛筆が置いてある。なかなか考えているなと思って中を見ると、鉛筆の芯が全部折れていたなどということもあります。製作の素材を入れる棚があるからと思って見ると中に何も入っ

ていないことも。そうなると、考え方としてはそのつもりなのでしょうけれども、日常的に子どもが本当に遊べる環境をつくっているかというと疑問が生じます。

次に1位のところに行きました。1位のところも書類上ではまあまあと感じました。5歳児が製作をしているときに泣いていましたが、その時に先生が、なかなかその泣いている子どものところに行って事情を聞かないのです。その時の子どもの心持ちが気になりました。

次に2歳児の部屋です。2歳なので自分でのりをつけてペタペタ貼れると思いますが、先生が作った物に先生がのりをつけて、そこに子どもが紙をただ貼るだけでした。保育の質を考えると、子どものやりたい気持ちを汲み取ってもう少し工夫ができるのかなと思いました。非常に新しくて綺麗な園舎で、第三者評価的にいうと不可はないという感じです。すべてマニュアルも揃っているし、本当に外から見るとごく普通にいいですねと感じたところでした。

最後に2位の園に行きました。そこは146名定員でしたが、とても静かで玄関に入った瞬間からとてもいい雰囲気でした。大人が見ても気持ちがよい部屋の環境になっている。各部屋を見ても先生たちがとても落ち着いている、静かに子ども達に接している。園庭も充実していて、どう見てもいい雰囲気だし、保育もしっかりしていました。

なんでここ2位なの？ と不思議で、行政の人も盛んに「いいですね」と言うんです。どう見

てもいい雰囲気だし、保育もしっかりしているんです。行政の人も「ここは2回来たけれども2回ともいいですよ」と。どうして、そこが2位なんだろうと思いませんか？

その後、2位のところにもう一度、その時は園長先生たち3人と行政の人と一緒に、園訪問に行きました。結局、最後にその園長先生たちが「自分たちよりいい保育をされると困る」、だから「今回は他の地域で民営化の候補となってほしい」と。それが本音でした。せっかく選定する基準が、子ども目線でないのです。これは残念でしたね。

**本当に利用者の目線に立っていますか？ 子どもの目線に立っていますか？** といっても、そういうところもあると言うことです。だからといってその園長先生たちがひどいのかというと、一生懸命されています。子どものことについて園同士で勉強しましょうという研修もやっていました。

でもその地区の園は公立と足並みを揃えるという暗黙の了解があるようで、委託したところがすごくいいところになってしまうと困るという本音が聞こえて。私もその時は選定の基準がおかしいとすごく抗議をしましたが、でも決定権の最後のところは私にはありませんでしたし、意見を聞くという形だけでしたから本当に残念な気持ちでした。

**利用者の目線に立つというのは、保護者の目線や意見も大事ですが、子どもの目線に立った保育を実現しているかということ、つまり、子**どもの訴えにきちんと耳を傾ける保育者、子どもが安心して意見を言える環境があって、**子どもが興味関心や好奇心を発揮できる場があってのびのびと遊び、生活してこそ、子どもの目線に立っているといえるのではないか**と思いました。

## 行政と市民の協働で大切にしたいこと

### 行政と市民の関係作り・地域の当事者相互の関係作り

昔は何でもかんでも行政の方針が決まっていて、市民が陳情に行って意見を言うという形が多かったと思います。ですがこれからは、陳情だけでなく、私たち自身が自律した市民として主体性をもって、行政任せにだけはしない。もっと協働的な関係で一緒にやっていく、そういう視点が大事だと思います。

今、日本の総合福祉計画、保健福祉計画が作られていて、そこでは「自助・共助・公助」という言葉が入っています。それぞれが自律的な市民として行動していく。市民もアイディアを出したり、ここが使えるよ、あそこが使えるからこういう風にしませんかということを、どんどん行政と一緒になってやっていかれるような、そういう関係の作り方が大事だと思います[図7]。

子どもから高齢者までが
一緒に子育てを考える場づくり
子どもが育つ地域社会のイメージを共有する

**子どもは未来の大人──より豊かな人へ──より豊かな社会へ──**

X区の次世代育成支援の推進協議会で後期計画を作る時に、具体的にどうやって行こうかと相談してきました。子どもが育つ時にお母さんたちが、いろいろな世代のお母さんたちと知り合うということも大事だよね、今の子育ての時代、子育ての知恵がなかなか伝わらない、周りで子育てをしているところも見ていないし、自分の子どもが先々どんなふうに成長をしていくのか想像もつかないという中で子育てをしている人が多い。まして地域を知らない人ばかり。そういう中でどうしたらいいのだろう。

X区の場合は「いろいろな世代の人が集まれる場所があるのがいいのでは」「どこにしようか」「小学校がいいじゃない」という話になりました。どこからでも歩いて通える距離にある小学校を、地域の交流場所にしたらいいのではないかと。

## 地域で多世代が集まれる居場所を小学校の中につくる！

千葉県でそういうことをしている地域がありまして、そこに視察に行こうと、行政のみんなと一緒に1日かけて見に行くことにしました。

そこが、すごく面白い！のです。

学校の中に市民が集まれる場があって、そこに市民のコーディネーターの人がいます。赤ちゃんがいるお母さんから、中学生のいるお母さんもいて、しょっちゅう出入りをしています。そこで、今度こんなことをやりたいのだけど、誰か人がいないかしらとか、そうすると

コーディネーターの人がここにあんな人がいるからと伝えます。例えば学校の先生もコーディネーターの人と協力して、今度、星座のことをやるんだけど、星のことを話してくれる人いないかな？ 地域にこんな人がいたとか等々、話し合っていました。

図書館も面白くて、図書館の廊下にいろいろな展示をするんです。その廊下は生徒が職員室にいく途中の廊下で、どの子も通るところに本の展示もする。本屋さんが吹き出しに書き込みするように面白くして、例えば算数の授業で今度こんなのをするという時に、数字の話の本を出しているとか。それから理科で星座を学ぶという時には、星座の絵本をずっと並べるとか、図書館と先生たちが連携して、オープンにしていました。X区ではとにかく小学校を工夫して、コーディネーターと一緒にやってみようという話になりました。

## 自分たちの地域で新しい提案を発信して、夢を語る

その時に横浜の「びーのびーの」代表の奥山さんが、町の中の商店をお借りして子育て支援を始めたという話を思い出しました。当時X区は子育てがしにくい町で、東京都の中で最下位だったのです。勤務する大学から近くの駅までを学生と歩いたのですが、お店も施設も子ども関係のものが何もなかったのです。子ども目線で考えたら、子どもが読みやすい標識とか表示を作ればいいではないですかと。子どもがわか

りやすい表示って見たことありますか？絵とか文字でもいいですけれど、そういう発想って本当にないですね。ですからX区で、そうしたらいいじゃないっていうようなことも考えて、みんなで行動しました。

けれど残念なことに、その後X区は組織が変わって、行政の人がみんなばらばらになってしまって。子育て支援会議のメンバーも交代となりました。そこをつないでいくのが難しいな、という思いがあります。それでも**あきらめないで新しい提案を地域の目線で言い続けること**が、とても大事なことだと思います。例えばあそこの商店のあのお店だったら協力してもらえそうと話していくと、具体的に進んでいくのではないかと思います。

**従来のやり方をそのままやるだけではなく、新しいやり方を提案していきましょう。**行政の方は管轄の全く違う方が入ってきますが（これは縦割り行政の残念なところですが）、それでも私たちは、その担当者の職員の人たちと、夢を語るということもすごく大事だと思っています。

## 全部OKはないけれど、全部がダメなんてこともない

公園に、地域に住んでいるいろいろな人が集まってきたらいいですね、そうしたら犯罪もなくなりますね、知っている人が公園にいると安心ですよね、逆に不審者が分かる訳ですから。ですから、子どもはこんなところでこんな風に育ってもらいたい、そういう夢を一緒に語って行くのがいいのかなと思います。

できない理由はたくさんありますけれど、でも「こうしたらいいんじゃない」「今はここまでしかできないけれど、少しでも段階的に考えていったらいいんじゃない」と考えていくことが大事だと思います。物事って何でもそうですけれど、全部がOKなんていうことはないわけで、逆に全部がダメなんてこともないわけです。

どこからどういう風にしたらできるかな、と、そう発想をしていくと、わりとことが進みやすい。それが、私の経験から話せることでしょうか。きょうの話は、答えは何もなくて、行政の方と市民の一人としてどう考えて一緒に動いてきたか、実際に私が経験して感じたことをお話させていただきました。

## 市民として行政の会議に参加し提案する場合の チェックリスト

☐ **1** 所属の団体の代表として参加する場合は、
団体の意見、個人の意見を区別し発言する。

☐ **2** 現状を理解してもらうために話すのであれば、
できるだけ具体的に（できれば数字などを出したり、図や写真など）
可視化できるもの（を準備する。）
または（準備をお願いする）がある方が理解してもらいやすい。

☐ **3** 行政職員の意図するところや、行政職員が使う言葉がわからない場合
（独特の行政用語の文化がある）は、そのままにせずに質問する。

☐ **4** 意見は賛成でも反対でも、その理由と、
その先にどうしたらよいかの提案を同時にする（とよい。）

☐ **5** 行政職員も市民もみな、全体としては
よい方向に進めていきたいと考えていることを前提に、
「ここで大事なことは何か」を常に一緒に確認する。

# 第3章

## 子どものからだの "おかしさ"と遊び

子どもの心身の異変と今後のサポートについて、問題提起と具体的な活動を示してくださる方として、筆頭に浮かんだのは野井真吾先生です。

子育て支援は乳幼児期の子どもと親への支援を考えることが多いですが、子どもはすぐに成長していきます。学童期への連続したサポートについて、先生が示されたデータをもとに、世界からも指摘されている日本の子ども達のからだの "おかしさ"、そして「子どもの成長には三密こそ大事!」と話される野井先生から提案された遊びの重要性について、考えてみましょう。

# 子どものからだの
# "おかしさ"と遊び

**野井真吾**
（日本体育大学）

「子どものからだと心・連絡会議」というNGOの活動を30年近く行って参りました。連絡会議では、毎年12月に全国研究会議を開催しています。例年、保育・教育現場の先生方だけでなく、研究者や学校医のドクター、地域で子育て支援をしている方、運動指導をしている方、保護者の方等々、200〜300人の方が参加してくださいます。そして、思っていることは何でも出し合おう、ワイワイ・ガヤガヤ議論しようということを大切にしています。さらに、その討議資料として、毎年『子どものからだと心白書』を発行し続けています。まずは、その白書の中から、最初にご覧いただきたいページをご紹介します。

　早速ですが、今の子どもたちは健康でないといわれますが、日本の子どもたちが健康かどうかを知るのに、とてもいいデータがあります。毎年の学校健康診断の結果です。日本では毎年欠かさずこの健康診断を行っていますが、世界中を見渡してもそのような国はありません。そのような大事なデータは、しっかり見る必要があるだろう、ということでつくったのがこのページです。

## 健康診断と体力・運動能力テストで見る子どものからだの問題

　[図1]は、上から5歳年長、11歳小6、14歳中3のデータになります。3つのグラフを見てまず目につくのが黒丸です。ご覧いただくとわかるように、70〜80年代は100%近くの子どもたちがかかっていた病気、それが「むし歯」です。ただ、このむし歯は年長さんも、小6も、中3も年々右下がりになっています。改善の兆しを感じます。変わって心配なのが白丸で、これは「裸眼視力1.0未満」の子どもの割合です。ご存じのように、今では子どもたちであってもテレビゲームだけではなくて、スマートフォンやタブレットの時代になりました。そういう中で子ど

もたちの眼がダメージを受けている様子が確認できます。

ただ、これだけ健康でないと心配される割にはこの2つの病気（むし歯、視力）を除くと、その他の病気は多くはないようです。なんだか不思議な感じがします。

であるとすれば、問題は「体力」なのかもしれません。わが国では、毎年欠かさず日本中の子どもたちの体力・運動能力も測定してくれています。ところが、[図2]を見ても、小学生では緩やか、中学生、高校生では明らかに上昇し続けているのです。やはり、不思議な感じがしませんか？

## 今の子どもたちは「体力」は大丈夫──では、何が心配？

ならば、日本の子どもたちはまったく心配ないのかというと、保育教育現場の先生方、子育て中のお母さんお父さんたちとお話をしていると、「疲れた」、「だるい」という子、あるいは、どうしても姿勢が"グニャグニャ"になってしまう子、さらには授業中集中できない子、挙げ句の果てには朝起きられない子、夜眠れない子、首・肩の凝る子、うつ傾向の子が気になるというのです。まるで、働き盛りのお父さんのようです。このような実感は、日本全国あちこちでうかがうことができます。これでは、とても「元気」とはいえません。

このように考えると、私たちが心配している子どものからだの問題というのは、病気や障が

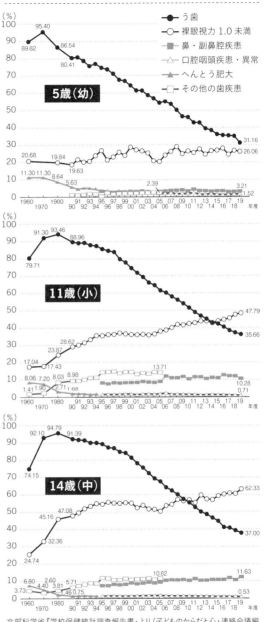

[図1] 疾病・異常被患率の年次推移

文部科学省『学校保健統計調査報告書』より（子どものからだと心・連絡会議編（2020）子どものからだと心白書 2020, ブックハウス・エイチディ, 東京, p87）

[図2] 体力・運動能力調査における合計点の年次推移

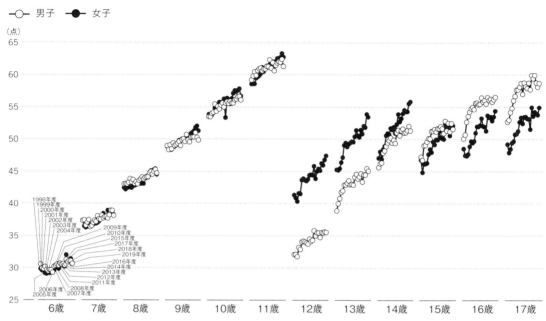

スポーツ庁「体力・運動能力調査報告書」より（子どものからだと心・連絡会議編 (2020) 子どものからだと心白書 2020. ブックハウス・エイチディ, 東京, p124）

いとはいえないものの、そうかといって健康ともいえない問題、具体的にはなんだか気になるとか、ちょっと気になるという「おかしさ」としか表現できないような問題を心配しているということに気がつきます。だとすれば、この「からだのおかしさ」を解決しないことには、子どもたちが元気になったとは思えないということになります。

## 「からだのおかしさ」の問題解決

　そうはいっても、このからだのおかしさの問題は、健康診断をやっても、体力・運動能力テストをやっても見えてきません。そこで注目したいのが実感です。日々子どもと接している方たちが、"からだや心や生活が気になるなあ"とか"どこかおかしいなあ"と感じている実感は、きっと何かを物語っているのだと思うのです。でも、実感と事実は違う次元の問題でもあります。そのため私たちは、その情報を基にそのような子どもたちがいるとしたら、どのような身体機能が心配なのかという仮説を立てて保育や教育の現場に出かけて、事実の調査をするように努めてきました。

## 自律神経機能と前頭葉機能の問題

　20数年間、このような活動をしてくる中で、今の子どもたちからのSOSとして、次の2つの身体機能の調子の悪さ、育ちにくさを紹介させていただいた方がいいなと思うようになりました。

　ひとつは、血圧や体温などの調査から見えてきた、今の子どもたちの自律神経機能の問題です。もうひとつは、前頭葉機能の問題です。もちろん、実感されている子どもたちのからだのおかしさの問題は、この2つの機能の問題だけには留まりません。本当に多様です。ですが、最も多くの人たちから教えていただける、あるいは最も深刻だと思うおかしさとして、この2つの機能のおかしさを紹介してみたいと思います。

## からだと心の問題と生活

　また、これら2つの問題は、いい換えると、からだと心の問題ということになると思います。当然ですが、私たちのからだの調子は意識的にコントロールできる部分もあります。例えば、最近疲れているから今日は早く寝ようという行動は、意識的にコントロールしようとしているわけです。でも、かなりの部分は無意識的にもコントロールされています。例えば、天気予報を見て、明日の朝は冷え込むのだと思って体温を上げられる人はいません。私たちはこれを無意識的にやっています。そして、その働きを主に担ってくれているのが自律神経というわけです。

　一方、心の身体的基盤の一部が脳、中でも前頭葉にあることは周知の事実です。つまり、今の子どもたちの前頭葉の特徴をみるということは、心の特徴の一端を見ることにもつながると思います。

　ということで、以上のようなからだと心の現状を踏まえて、今どういう生活が求められてい

[図3] "実感"を基に"事実"調査をすすめる

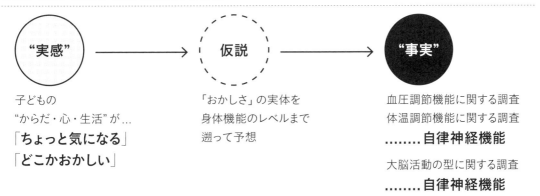

"実感"
子どもの
"からだ・心・生活"が...
「ちょっと気になる」
「どこかおかしい」

仮説
「おかしさ」の実体を
身体機能のレベルまで
遡って予想

"事実"
血圧調節機能に関する調査
体温調節機能に関する調査
........自律神経機能

大脳活動の型に関する調査
........自律神経機能

るのか、ということを考えてみたいと思います。

# からだを育てる
「光・暗やみ・外遊び」

## メラトニンというホルモン

　最初は、からだについてです。いうまでもなく、自律神経機能の問題の背景には、生活習慣の乱れがあります。そのため世間では、「早寝・早起き・朝ごはん」が声高に叫ばれています。ただ、そのためのスローガンとしては「光・暗やみ・外遊び」の方が適切であると思うのです。こんなわけのわからない提案に至るきっかけを作ってくれたのは、私たちのからだの中にある"メラトニン"というホルモンに関する研究知見がそもそもでした。このメラトニンは、眠りのホルモン、あるいは、睡眠導入ホルモンと呼ばれていて、生体リズムの大事な指標といわれています。ようは、メラトニンが出てきたから眠くなったと思ってくだされば結構かと思います。

## 昼間のポイントは受光環境

　最初に見ていただきたいのはこんな研究です。これは、日中の光の浴び方とメラトニンとの関係を示しています。横軸は時刻で、真ん中ちょっと左にある「0」のところが眠りについた時間です。例えば、休日の中学生、高校生、大学生くらいの人をイメージしてみてください。暇さえあればいつも寝ていませんか？ 時にはお昼まで寝ているし、夕方まで寝ている子もいる。そういう彼らを見て、私たちは青春は1回しかないのにもったいないなと思います。でも、ご自身がそういう年代の時どうだったでしょうか。少なくとも、僕は同じでした。そこでご覧いただきたいのが、この一番上の網掛け部分です。たくさんのメラトニンが出ていることがわかります。これが、健康青少年です。つまり、あの年齢の子どもたちがいつも寝ているのは、ただの怠慢ではないのです。眠たくて仕方がないからだを持っているというわけです。

　ところが、40代も中ごろを過ぎてくると、朝4時半頃にスパッと目が覚めます。社会人として一人前になってきたのかな、と思ったことがある方もいると思いますが違います。メラトニンの量が減ってきたのかもしれません。実は、高齢者になると、真ん中の点線まで減ってきます。また、世の中には睡眠に問題を抱えていらっしゃる方もいます。その方たちの推移が下のものです。つまり、メラトニンの分泌が悪いからそういう問題が起こるというのがわかるのです。

　この研究では、この患者さんに投薬ではなく、午前中2時間、午後2時間、太陽の下にいるのと同じくらい強い光を浴びてもらう治療を試みました。すると、白丸の推移までメラトニンが増えたのです［図4］。

　一方で、2歳くらいまでの子どもたちは、ま

## ［図4］日中の受光と夜間のメラトニン

—○— 光照射後　--- 年齢相関の対象者　—□— 光照射前

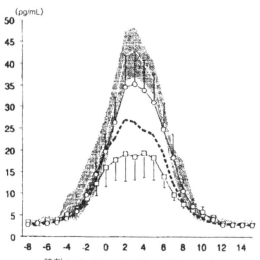

時刻（ただし最近７日間の平均入眠時刻を0とした）

(Mishima K., et al. (2001) Diminished melatonin secretion in the elderly caused by insufficient environmental illumination. L Clin Endocrinol Metab, 86: 129-134)

だ24時間のリズムがきれいに刻めていないといわれているわけです。この年齢の子どもたちに、「今昼だよ〜」と太陽の光を浴びせることは極めて大事といえるのかもしれません。そうやって考えてみると、0歳の子がいくらあやしても泣き止んでくれないので外に連れ出すと、その瞬間、泣き止んでくれたということがないでしょうか。あの笑顔は、発達欲求といえるのかもしれません。また、各地のお年寄りがわざわざ縁側に出てきてお茶を飲む、井戸端で会議をするといった行動も、極めて意味があることを教えてくれているわけです。

人間にとっておひさまというのは大事な存在だと思うのです。からだを育て、からだを整えるのに極めて大事な存在ということです。

今、子どもたちにとって随分魅力的な室内の環境ができあがりました。テレビ・ゲーム・スマートフォン・タブレットがそうです。でも、そういう時代だからこそ、「早寝・早起き」の大合唱をする前に、私たちはもっともっと日中の光の浴び方の程度が、夜のメラトニンの分泌を左右していることを、頭に刻んでおいたらどうでしょうか、と思います。

## 夜間のポイントは暗やみ環境

一方で、夜の光刺激メラトニンの関係もご覧いただきたいと思います。この図の横軸は時刻、縦軸はメラトニンです。夜ですから、どちらもメラトニンが出始めています。ところが、白く描いたこの時間帯から大きく落ち込んだこちらの条件の時には、このグループの人たちに2,500ルクスというかなり強烈な光を浴びさせています。夜のコンビニで大体1,000〜2,000ルクスといったところでしょうか。つまり、夜はコンビニに行かない方がいいことがわかるわけです。

ただ、残念ながらもう一方の推移も白く描いた時間帯から抑制しています。こちらは、500ルクスという明るさです。500ルクスですから、少々明るい部屋といったところでしょうか。日本では、室内でも作り出せる明るさです。そもそも、日本、韓国は、設計の段階で室内の明かりを明るくする傾向があると聞いたこと

[図5] 夜の光刺激とメラトニン

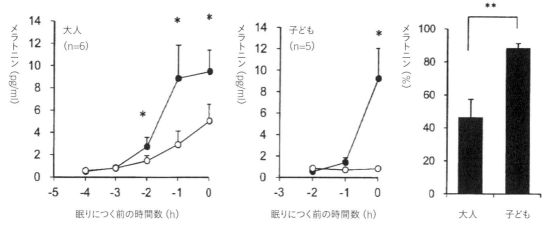

（Higuchi, S., Nagafuchi, Y., Lee, S. and Harada, T. (2014) Influence of light at night on melatonin suppression in children. J Clin Endocrinol Metab, 99(9) : 3298-3303)

もあります。日本人は、必要以上の明るさを求めすぎたのかもしれません。そして、その必要以上の明るさというのは、実はからだのリズムを作るというのに良くない影響を与えている可能性があるということを教えてくれています [図5]。

ただ、このデータは、大人を対象にした実験データです。私たちは、大人のこの実験データを基に、子どものことが心配かもしれないとずっと警鐘を鳴らしていました。3年前になってようやく子どものデータが出されました。

左が大人、真ん中が子どものデータです。いずれも眠りにつく数時間前からメラトニンを測定しています。まず、大人の暗い環境下（●）をご覧ください。ご覧のように、順調にメラト

ニンが増えていって、眠りについている様子がわかります。ところが、同じ大人でも明るい環境下（○）では、メラトニンが抑制されています。同じ要領で子どもの結果を見てください。何と大人とは比べものにならないほど抑制されていることがわかります。

これまで私は、大人のデータを見てそれを基に子どもに当てはめて心配していたのかもしれないと警鐘を鳴らしてきましたが、声が小さかったと思います。このグラフが教えてくれていることは、光の感受性は明らかに子どもの方が高いということです。僕ら大人は大丈夫と思っても、子どもたちはその影響を受けやすい、ということです。

そんな子どもたちですが、その生活全般を見

渡した時に、学習塾も大事な生活の一部になっています。外から見ると夜の学習塾、明るいなと思います。そもそもコンビニにしても、世の中に本当にこんなにコンビニは必要なのだろうかと思います。さらに、世界の人たちの3割強が、天の川が見られないという光害の影響を受けています。でも、日本はその比ではありません。何と7割がそのような地域に該当するという研究もあります。

これらの事実が教えてくれていることは、私たちの国では夜であっても明るくて便利で快適という環境が整備されたということなのではないでしょうか。でも、そういう時代だからこそ「早寝　早起き」の大合唱をする前に、大人はもっともっと夜間のメラトニンの分泌の作用のことを頭に刻んでおいた方がいいのだという気がします。

## キャンプとメラトニン・リズム

### 長期キャンプで
### メラトニン・リズムが改善

このようなことから、外遊びの減少による日中の受光不足、あるいは、テレビ、ゲーム、スマートフォン等の「スクリーンタイム」の夜間の受光増加が子どものメラトニンの分泌を抑制し、生活リズムや生体リズムを乱し、リズムのダメージを受けやすい自律神経系の不調と発達問題を惹起しているのかもしれない、と予想できるのです。

しかし、そうはいっても、ここまでの話は単なる予想です。因果関係があるとはいえないわけです。

だとすれば、逆にテレビやゲームがなくて、昼は太陽の下で活動し、夜は暗くなるような生活を送れば、今の子どもたちでもそのメラトニン・リズムを改善することができるのでしょうか。これが証明できて、初めて因果関係になるのだと思います。

そこでご覧いただきたいのが、30泊31日という長期キャンプのキャンプ前、キャンプ前半、中盤、後半、キャンプ後のメラトニン・リズムを観察した結果です。最初に、キャンプ9～10日前、つまり1学期の終わりくらいの推移をご覧ください。ご覧のように、夕方6時半はまだそれほどメラトニンが分泌しておらず、あまり眠くない様子がわかります。また、9時半になると少し眠くなってきたかなと思いますが、明けて朝6時の方が眠い様子もわかります。ところが、同じ測定をキャンプが始まって2日目の夕方から3日目の朝にかけてやってみると、3回の測定では夜の9時半に一番分泌する推移に変化しています。よく学校や地域では2泊3日の宿泊行事やキャンプをやってくださいます。あれくらいでも意味があるというわけです。さらに、15～16日目になると、夜の分泌が多いだけでなく、朝の分泌が随分抑えられている様子がわかります。おまけに個人の違い

を示す標準偏差も小さくなっていますから、み んなが元気な朝を迎えられている様子もわかるわけです。当然、キャンプ終盤もこのリズムをキープしたまま各家庭に帰っていきました。今の子どもたちは、健康でない、元気がないといわれますが、そんなことはないと思います。この測定を通してこの子たちが教えてくれていることは、今の子どもたちでも、例えばキャンプのような環境さえ整えば、明らかに生体リズムを整えることができるし、まだまだ元気になれる可能性を秘めているということなのではないでしょうか。

ところが、9月になって2学期がスタートし、1ヵ月弱が経過したキャンプ31〜32日後の推移をみると、すっかり元のリズムに戻っていたのです。つまり、この測定を通して教えてもらったことのもうひとつは、そうはいってもキャンプが終わると元のリズムに戻ってしまうということです。これも子どもたちからの大事なSOSと受け止めました。

この子どもたちも当然今を生きています。キャンプ前やキャンプ後は、毎日、呪文のように"早寝・早起き・朝ごはん"といわれています。でも、その期間にはそれらがなかなかできません。一方で、キャンプ中は誰一人その呪文を唱えないのに、なぜかその期間にはばっちりそれが実現できるというわけです。全く皮肉です。「いわれたって無理だよ」。これが子どもたちの言い分なのかもしれません。つまり、私たち大人社会は、早寝・早起きをしにくい環境を

ばっちり作り上げて、それでもその環境の中で、早く寝ること、早く起きることを要求しているように思えてならないのです。いずれにしても、キャンプはからだのリズムを作るのにいいものなのだなと改めて思いました。

## メラトニン・リズムが改善する生活は？

しかし、だからといって日本中の子どもたちが30泊31日をするべきという提案はあまりにもナンセンスです。もっと日常ではだめなのかということで思い出したのが、幼稚園や保育園で行われている「お散歩」というプログラムでした。ということで、ある園でお散歩がなかった日の夜とその次の日の朝の唾液を採取してみました。すると、お散歩に出かけた日とそうでない日とでは、異なる推移を示したのです。何も30泊する必要はないのかもしれない。

さらに、「元気がない子は午前中に多い。中でも多いのが月曜日の午前中」といった声も、保育・教育現場の先生方から最近お聞きする子どもたちの様子です。だとすれば、平日と休日とでもメラトニン・リズムは違うのかもしれません。まず、水曜日の夕方から木曜日の朝にかけての推移を確認すると、さきほどのキャンプと同じような推移になっていました。朝の値が低いのは、キャンプのプログラムに合わせて朝6時に取っていることが影響していると思います。ところが、同じ子どもたちを対象に日曜日の夕方から月曜日の朝にかけてやってみると、ご覧のように月曜日の朝は、いつも以上に多く

のメラトニンが分泌していることがわかるのです [図6]。このあと子どもたちは、学校に来てくれています。よく来てくれたなあと思います。来てくれただけでOKなのではないかとも思います。

　さらに、この時は47人の子どもたちがこの調査に参加してくれましたので、1人ずつそれぞれの推移を確認しました。すると、また教えてもらえることがありました。今お話ししたように平日は比較的リズムを整えやすいわけですが、3回の測定値を比べてみると朝に最高値を示している子もいますし、逆にリズムが乱れがちな休日明けであっても夜に最高値を示している子もいます。つまり、この中にはちょっと心配な朝ピーク群と好ましい夜ピーク群が混在しています。

　では、この2つのグループで生活にどのような違いがあるかということを確認してみると、夜ピーク群はスクリーンに接している時間が短く、外での活動時間が長い様子が示されました。その結果、メラトニンが分泌されてしまったのだと思います。早寝になります。早起きになります。睡眠時間も幾分長くなるわけです。

　このように考えると、何も30泊は必要ないのではないかと思います。ようはそのエキスをどう日常に落とし込むかということが大切です。そしてその時に考えなければいけないのは、「スクリーンタイム」をどう抑制するか、外での活動時間をどう増やすかということがポイントといえるかもしれません。

## [図6] 平日と休日とにおけるメラトニン

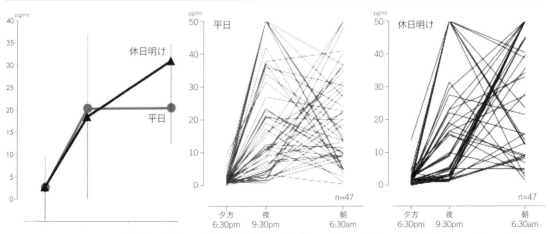

(Noi, S. and Shikano, A. (2011) Melatonin metabolism and living conditions among children on weekdays and holidays, and living factors related to melatonin metabolism. School Health, 7, 25-34)

## 「早寝・早起き・朝ごはん」改め、「光・暗やみ・外遊び」のススメ

このような諸々のデータから思うに至ったのが「光・暗闇・外遊び」というわけです。

そもそも、「早寝・早起き・朝ごはん」について、ひとつ思うことがあります。というのは、それらは健康生活のバロメータであることは間違いないと思います。私たちは、この子は何時に寝ているのかな、何時に起きているのかな、朝ごはんは何をどれくらい食べられているのかなといったことを時々確認する必要があります。しかし、現状はどうでしょうか。バロメータではなく、取り組みのスローガンのようになっていると思うのです。そうなると、ちょっと違うかなと思いますし、スローガンとしてはちょっとキツイとも思います。

というのは、「早く寝なくちゃ」と思っても眠れないことはあります。「早く起きなくちゃ」と思っても起きられないこともあります。それは、おとなも同じです。おまけに「早寝・早起き・朝ごはん」が大事なことくらい子どももよく知っています。だとすれば、スローガンとしては「光・暗やみ・外遊び」に軍配ありといえないでしょうか。先ほどもお話ししたように、「外遊び」をすればする程疲れます。でもそれだけではありません。「光」を浴びることになります。そして、夜は夜でいつもより少し「暗い」ところで過ごしてみてください。人間ですからメラトニンが分泌します。メラトニンが出れば早寝が実現します。早寝になれば早起きに

なります。早起きになればお腹も空いて朝ごはんが食べられるようになるというわけです。

これなら、朝日を浴びながらお散歩をする程度でもリビングの電球を少し間引く程度でもいいわけですから、少しだけ頑張ればできそうなスローガンということにもなると思うのです。まずは、お試しいただければと思います。

# 心を育てる「わくわくドキドキ」

## 前頭葉の働きとgo/no-go課題

心の育ちについても、お話してみたいと思います。先ほどもお話したように、心の身体的基盤の一部は脳、中でも前頭葉にあります。このことは、前頭葉がやる気、意志、集中、判断、コミュニケーション等の働きを担っていることからもわかっていただけると思います。だとすれば、一般的に行われている前頭葉機能検査を活用すれば、子どもたちの前頭葉の様子を把握できるだけでなく、心の特徴の一端を垣間見ることができるはずというわけです。

このようなことから、私たちの研究室では、機会あるごとに子どもたちの前頭葉機能の測定を行っています。中でも、当初から活用している手法がgo/no-go課題と呼ばれているものです。そして、パヴロフさんの理論に基づいて、子どもたちの前頭葉のタイプを5つのタイプのいずれかに判定しています。

## 「学級崩壊」の身体的背景？

　ここでは、5つのタイプの中で一番幼稚な「不活発」の出現率をご紹介したいと思います。最初に、[図7]の1969年（●）の結果をご覧ください。この推移は、1969年に東京で測定された時の調査結果です。ですから、今からおよそ半世紀前ということになります。当時の結果を見ると、男の子も、女の子も年齢とともに、この不活発なタイプの子どもたちが減少していく様子が確認できます。つまり、幼いタイプが次第に減っていくというわけです。また、卒園して小学校に入学する頃には、男の子で3割、女の子で2割と予想できる推移です。そのため、授業が始まる頃には、幼いタイプの子どもたちが集団の少数になっていたと推測できるわけです。

　ところが、それから30年が経過した90年後半の推移をみると、小学1年生でも半分くらいの子どもたちは、幼さを抱えたままであることがわかりました。今でこそすっかり定着してしまいましたが、「学級崩壊」や「小1プロブレム」といった言葉ができたのは90年代に入ってからです。当時、先生方はすごく戸惑いました。でもちょうどその頃です。私たちは、このデータを目の当たりにして、「今となっては、クラス編成の仕方をひとつ間違えると、クラスの過半数が不活発型になってしまうクラスもできあがる。その時に『学級崩壊』が起こっても不思議でないのかもしれない」と議論したことを思い出すのです。

### [図7] 大脳前頭葉「不活発（そわそわ）型」の出現率の加齢的推移

● 1969年・東京（西條ら）　▲ 1998年・東京（日体大学校体育研究室）　▲ 2000年・東京（野井・山本ら）　✕ 2002年・栃木（野井・冨川ら）
▼ 2002年・岐阜（阿部ら）　○ 2007-08年・千葉・東京・神奈川（野井ら）　△ 2011年・埼玉（野井ら）
✳ 2017-18年・東京・神奈川・静岡・京都・大阪・岡山（連絡会議）

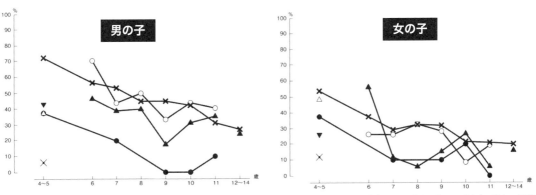

（子どものからだと心・連絡会議編（2020）子どものからだと心白書 2020. ブックハウス・エイチディ, 東京, p131）

さらに、2000年以降のデータをみると、女の子はそれほど特徴的な推移ではありませんでした。対して、男の子はさらに心配な推移を示したのです。ご覧のように、現代では、幼さを抱える男の子は小学に入学する頃になっても7〜8割、そればかりか中学校に入学する頃になっても5割といった感じなのです。

心の問題が一緒くたに心配されています。ただ、こと「幼さ」ということに関しては、もっともっと男の子に注目してあげる必要があると思うのです。男の子が「幼さ」から脱することができないでもがいている、苦しんでいる環境が、今の私たちの国にはあるのかもしれません。

## 「じゃれつき遊び」の効果

では、そのために今求められている取り組みは何なのでしょうか。

「脳」が育っていないという話になると、1年生からでは遅いから、早期教育が必要という議論になります。また、授業中に立ち歩く子、先生の話を聞かない子が増えて、「心」の育ちが心配されると、家庭のしつけがなっていない、もっとしっかりしつけなくてはとなりますし、学校では道徳教育ということになります。授業中に立ち歩いてしまうわけですから、わからないではありません。ただ、これらのどれもが違う気がしています。

個人的にはむしろ、その考えは危険かもしれないと思っています。そのことを教えてくれたのはある園の子どもたちでした。

不活発型の出現率の結果をもう一度ご覧ください。そもそも、不活発型は幼稚なタイプといえますから、幼児では多くていいはずです。ところが、この図をよく見ると、幼児でありながらとても不活発型が少ない園があります。

当然、この園では何をしているのかということになるわけですが、超早期教育と呼ばれるようなことは一切やっていません。しつけ教育や道徳教育と言われてもピンとくるような取り組みはありません。多くのプログラムがそれほど特別というわけではありません。でも、唯一「これだけは」と思うプログラムが毎朝欠かさず30数年間行われ続けています。

それが、子どもたちから"じゃれつき遊び"と呼ばれている遊びなのです。この園では、毎朝この遊びからスタートします。そのため、子どもたちも要領を得たものです。登園した子どもから勝手に、じゃれつき遊びを始めます。毎朝、20〜30分間程度、とにかく何をやってもいい時間、何を使ってもいい時間が用意されているという感じです。子どもたちは、厚手のマットの上で重なり合って遊びます。時には、周りにいる子どもたちがマットを持ってグルグル回り出したりもします。普通の園では、「壊れちゃうからやめなさい」と叱られるのかもしれませんが、この園ではこんな遊びも許されます。毛布での綱引きなんかも日常です。そして、この遊びでは、子どもたちの輝く目が印象的です。はじける笑顔が印象的です。からだ全体を使って力一杯遊ぶ姿が印象的です。これ

らが脳のいい刺激になっていると思うのです。

一方で、この遊びがかなりハードであることも確かです。そのため、遊びに付き合う先生方は、たまりません。あるときの職員会議で「あまりにもキツいので一端止めてみよう」ということになりました。そして次の日から2ヵ月間止めてみたそうです。ところが、止めた途端に子どもたちの中のケンカ、いざこざが絶え間なく起こるようになってしまいました。予定のプログラムもこなせなくなってしまいました。「嘘か本当かわからないけれどもう一度やってみよう」と、"じゃれつき遊び"を復活させてみたところ、見事にプログラムがこなせるようになったというのです。子どもたちのケンカやいざこざもなくなっていったのです。

考えてみれば、かつては園に来る前、園から帰って、たっぷりゆっくり行っていたのがこの"じゃれつき遊び"のような遊びだったともいえます。でも、いまでは子どもたちも忙しくなり、そのような時間が激減してしまいました。少子化で一緒に遊べる仲間も減ってしまいました。そればかりか、声を張り上げて元気に遊んでいると、近隣の住民から苦情がくる時代にもなってしまい、遊べる空間さえ少なくなってしまいました。「時間」「仲間」「空間」のサンマ（3間）がなくなってしまったというわけです。そして、単にその3間を保証しているだけの取り組みが"じゃれつき遊び"ともいえるのです。

## キャンプ、ワクドキタイムの効果

私たちとしては、かなり前からこの事実をつかんでいました。でも、こうして発信できるようになるまでには少しタイムラグがありました。なぜならば、「日本中の大人たちに、じゃれつき遊びをしかけてほしい」と提案しても、かなりハードなのでなかなか受け入れてもらえないと思っていたからです。当然、「他にないか」ということになるわけです。そこで辿り着いたのが、さきほどの長期キャンプの取り組みだったのです。

この図は、キャンプの前半、中盤、後半に行ったgo/no-go課題による型判定の結果を示したものです。ご覧のように、前半は4割いた「不活発型」が後半は2割になったのです。たった1ヵ月間での変化です。ましてや、このキャンプでは"じゃれつき遊び"を1回もしていません。つまり、"じゃれつき遊び"でなくてはならないわけではないのです。このキャンプのような活動でも前頭葉の発達は期待できるというわけです。

さらに、全国の90数％の小学校では「朝読書」を導入していますが、「読書の時間があるのなら、遊ぶこともできるのではないか」と考えたある小学校で「ワクワク・ドキドキタイム」と称する活動を始めました。ようは、鬼ごっこのような朝遊びの時間です。

すると、教室での活動も落ち着き、授業も行いやすくなったというのです。やはり、"じゃれつき遊び"でなくてはならないというわけで

## [図8] ADHDの子どもに対する運動の効果

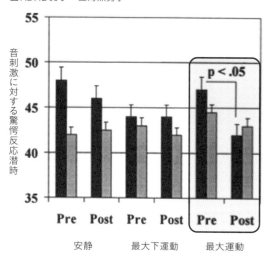

■ ADHD男子 　■ 対照男子

音刺激に対する驚愕反応潜時

p < .05

安静　　最大下運動　　最大運動

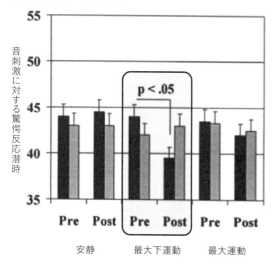

■ ADHD女子 　■ 対照女子

音刺激に対する驚愕反応潜時

p < .05

安静　　最大下運動　　最大運動

(Tantillo, M., et al. (2001) The effect of exercise on children with attention-deficit hyperactivity disorder. Medicine and Science in Sports and Exercise, 34: 203-212)

はないのです。このワクドキタイムのような活動でも前頭葉の発達は期待できるというわけです。

# 子どもの遊びと発達欲求

## 子どもの遊びの好みに性差はある？

　では、じゃれつき遊び、キャンプ、ワクドキタイムから得るべき教訓は何なのかということがポイントになります。

　そこでご覧いただきたいのが、ADHDの子には運動が効果的というこのデータ［図8］です。ただ、上の図に示した男の子と下の図に示した女の子では効果の現れ方が違います。ご覧のように、男の子では無茶苦茶激しい運動でADHD症状が改善します。つまり、落ち着きます。激しくない運動では効果が認められていません。ところが、女の子は逆です。激しくないくらいの運動で落ち着きます。激しすぎると効果がないという結果です。

　この研究知見を見て思い出したのが、自分が子どもの頃の男の子と女の子の遊びの違いでした。当時の女の子たちは、よく「ゴム段」という遊びをやっていました。それから、「ケンパー」などもよくやっていました。考えてみれば、いずれも激しくないくらいの身体活動といえるのかもしれません。対して、男の子たちはどうだったかというと、野山を駆けずり回って

いたと思うのです。これらの遊びは、誰かに強要されて行っていたわけではありません。また、誰かに用意されていたわけでもありません。にもかかわらず、それらの遊びを毎日のように繰り返していたわけです。いわば、発達欲求だったと考えることできるのではないでしょうか。

## 子どもはみんなADHD？

また、こうも思います。かれこれ、私が話を始めてから1時間10分くらいが経過しています。例えば、この70分の間、5歳の男の子がこの辺りの席に座って、黙ってその話を70分間も聞いていたらどうですか。時々、メモなんかも取りながら。きっと、その方が心配になってしまいますよね。なぜならば、5歳の子は注意できないものだからです。注意欠如なのです。動き回るものだからです。多動なのです。

そのように考えると、誰もが昔はADHD傾向を有していたといえるのではないでしょうか。私たち人間は、ADHDの棘のようなものを持って生まれてきているのではないかと思います。一方で、人間は "人間" である前に、"ヒト" という動物です。男の子は激しい "動" によって、女の子は激しくないくらいの "動" によって、そのADHDの棘みたいなものが丸まっていって、次第に "ヒト" に育ち、"人間" に育っていくのだと思うのです。そのように考えると、"じゃれつき遊び" も、"キャンプ" も、"ワクドキタイム" も、そういった要素をたく

さん準備できていたと思うのです。

だとすれば、いま求められている取り組みは、「超早期教育」、厳しすぎる「しつけ教育」、教科書を作成してそれを押しつけるような「道徳教育」ではないように思います。むしろ、朝遊びだったり、外遊びだったりが大切といえないでしょうか。

## ポイントはワクワク感、ドキドキ感？

ただ一方で、小学生を対象にしたアンケート調査で、子どもたち自身に外遊びをしない理由を訊ねています。何と上位にランクされるのが「面倒くさいから」、「疲れるから」です。そればかりか、女の子に限っては、「汗をかきたくないから」も上位にランクされていたのです。これも現実です。こういう現状がある中で、どんなに外遊びがいいからといって、この子たちを無理矢理外に連れて行って「いいから遊べ」と言ったとしても、脳への刺激としていいわけがありません。

そこで、"じゃれつき遊び" や "キャンプ" や "ワクドキタイム" の根源にあるようなエキスをもう少し考えてみたいと思います。すると、じゃれつきの子どもも、キャンプの子どもも、ワクドキの子どもも、ご覧いただいたようにみんな目が輝いていたと思うんです。熱中していたなと思います。夢中になっていたなと思います。あの熱中できるような体験、夢中になれるような体験というのが大事であると思うのです。もっと平たくいうと、私たちが子どもの頃

は毎日何かにワクワク・ドキドキさせて貰っていたなあと思うのです。そういった体験が脳のいい刺激になっていたと思うのです。

確かに、子どもの心の育ちは心配です。そのため、私たちおとなは子どもたちに向かって「心を育てなさい」と要求します。でも、ワクワク・ドキドキできる環境はどれくらい準備できているでしょうか。例えば、公園の立て看板をよくよく確認してみると、あれはダメ、これもダメといった感じです。挙げ句の果てには、「近くに住んでいる人の迷惑になるので、では大声を出さずに遊びましょう」です。確かに、「遊ぶな」とはいっていません。でも、「ひっそり遊んでね」といった感じです。これでは、なかなかワクワク・ドキドキできないでしょう。つまり、私たち大人はワクワク・ドキドキできそうなことは全部奪って、それでも心の育ちを要求しているように思えてならないのです。

## 心を育てる
## 「ワクワク・ドキドキ」のススメ

このように、子育てにはワクワク・ドキドキがポイントということがわかってきました。自分の話になりますが、我が家は女の子ばかりですから、この子たちの私の住んでいる関東エリアでワクワクドキドキできるのはどこかな、と考えるわけです。当然、頭に浮かぶのが、千葉県浦安あたりのアミューズメント施設です。「理論と実践は違うな」と思ってきました。

そんな最中今から8〜9年前、埼玉大学の教育学部に勤めていた頃に研究室の学生さんが「こんな卒論に取り組んでみたい」と言ってくれました。彼女は、いま栃木県で立派に保健室の先生やっていますが、やってくれたのは大学生を対象にした「あなたは小学生の頃、どのようなことにワクワク・ドキドキしましたか」という質問紙調査でした。「面白そうな研究だね、がんばって」といったものの、内心「そんな調査したら、女の子なんかはテーマパークが上位にランクされるだろうから、僕のダメ親父ぶりもこれで決定的になる」と思いました。ところがです。データ [図9] をみせてもらって胸を張ることができたのです。

ご覧のように、女の子の1位は「遠足・集団宿泊的行事」、2位は「生き物」という結果でした。例えば、「生き物」の実際の回答には、「飼育係でニワトリにキャベツあげようと思ったら、指をつつかれた」や「ザリガニの水を変えようと思ったら挟まれた」の記述があるのです。生き物が相手だと、日常生活でありながら"非日常的"なことが起こりがちですし、いうまでもなく「遠足」も"非日常"です。その"非日常"がいいのではないかという気がします。おまけに、3位は「席替え」です。確かに、席替えの時にはワクワク・ドキドキしたものです。

一方、男の子はというと、圧倒的に多いのが「いたずら」でした。いたずらしている時の男の子たちのあの輝く目が大事なんだという気がするわけです。

こんな諸々のデータから思ったのが2つ目の

■男子　■女子

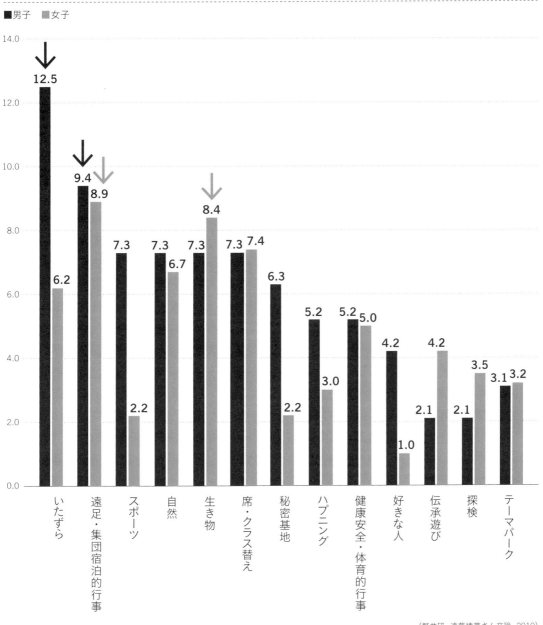

(野井研・遠藤綾菜さん卒論, 2010)

提案「ワクワク・ドキドキ」のススメです。昼は子どもが子どもらしく、ワクワク・ドキドキしながら夢中になれそうな取り組み、興奮できそうな取り組みを仕掛けていただければと思います。

# 大人のストレスと子どものストレス

### 日本の子どもは頑張っている！

以上のように、子どもたちのからだと心は追い詰められています。にもかかわらず「もっと頑張れ…!!」といわれ続けています。でも、日本の子どもたちは頑張っていないのでしょうか。

日本では子どもたちの「学力低下」が長年心配されています。ところが、70ヵ国・地域の子どもたちの学力調査の比較によると、科学的リテラシーは2位、読解力は8位、数学的リテラシーは5位をマークしているのです。70分の2位、8位、5位です。まだまだ上位といえないでしょうか。少なくとも僕はそう思うのです。

学力だけではないです、体力もよく言われます。ところが、これについては冒頭ご覧いただいた通りです。小学生では緩やか、中学生では明らかに上昇し続けているのです。さっきの学力は、かつて1位、2位ばかりをマークした時代がありました。その後、新しい国や地域がどんどんこの調査に参入してきました。その分、

順位は落ちました。どうでしょう。この事実だけを考えても、低下という表現は適当でないと思います。ただ、順位が落ちているということで、学力については百歩譲ったとしても、体力についてはどうでしょうか。低下どころか上昇させ続けているのです。一体、何が体力低下なのでしょうか。

「学力だ、体力だ」といわれる中では、こういうデータができあがります。各国の中学生の睡眠時間を比較すると、上からスイス、ベルギー、スコットランド、ノルウェー、ハンガリー、フィンランドといった国の子どもたちの睡眠時間があり、一番下を推移しているのが日本の子どもです。「学力だ、体力だ」といわれる中で、それどころか睡眠さえ犠牲にして頑張っているのです。

### 日本の大人も頑張っている！

日本の子どもたちは、結構頑張っていると思うのです。これ以上、何を頑張れというのでしょうか。挙げ句の果てに、最近では子ども用の「栄養ドリンク」みたいなものまで販売されている有様です。中間テストの日には、「これ飲んで頑張ってきなさい」といった感じです。

そしてそれらを片手に頑張った結果、何とか就職。でも、そこでは企業戦士と呼ばれてしまう。こちらは週50時間以上労働している者の割合（2014）［図10］です。日本のお父さん、お母さんが最も高い割合を示しています。さらに、先生も働き過ぎというデータもあります。

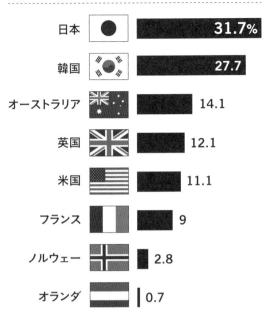

| 日本 | 31.7% |
| 韓国 | 27.7 |
| オーストラリア | 14.1 |
| 英国 | 12.1 |
| 米国 | 11.1 |
| フランス | 9 |
| ノルウェー | 2.8 |
| オランダ | 0.7 |

OECDの資料から（朝日新聞、2014年10月24日）
＊注（2017年調査）：28カ国中、日本は最低28位（6.30時間）
（1位フィンランド（7.24時間）/2009年データは、最低が韓国）

そして今では、"Sushi"、"Tempura"だけでなく、"Karoshi"、"Zangyo"が日本語で通じる時代になってしまいました。

おまけに、国により「早寝・早起き・朝ごはん」の旗が振られると、各自治体も、園も、学校もその旗を振ることになります。そうなれば、各家庭でも振られます。つまり現状は、日本中のおとなが子どもに向かって、こぞって「早く寝なさい、早く起きなさい」の大合唱といった感じです。でも、こういうデータもあります。先進諸国の平均睡眠時間のデータです。それによると、日本、韓国のお父さん、お母さんは圧倒的にそれが短い様子が示されているのです。僕らおとなも同じ問題を抱えているというわけです。

寝ないで長いこと働けば、当然、こういうことにもなります。1時間あたりの労働生産性のデータは、効率の悪い中で長時間働いている日本のお父さん、お母さんの姿が映し出されています。それはそうです。寝ないでいい仕事ができるわけがありません。そして「心の病」が国民病のようになっていくわけです。支えなければならない先生方も同じ病で悩んでいます。

さらに、自殺の問題です。国連からも注意され続けています。確かに、一時期の3万人超から次第にその数が減少してきているとはいえ、先進国の中ではまだまだ極めて高い割合といえます。この自殺の問題については、こと子どもに限定しても、1998年以降ずっと国連子どもの権利委員会から注意され続けているのが私たちの国でもあります。ところが、子どもについては、この20年間に限定しても、残念ながら増加といった感じです。毎年500〜600人以上子どもが亡くなっています。

あたりまえですが、日本も他の国と同じです。1年は365日しかありません。つまり、今日もどこかで1.5人以上の子どもたちが自分で自分の命を絶っているという現状です。昨日も、一昨日も、その前の日も。明日も、明後日もです。毎日コンスタントに1.5人です。「おかしい」とずっと思い続けてきました。でも、子どものデータばかり追っていたので、気づかなかった

## 仮説的　提案

# "よい加減"のススメ…!!

まずは，子どもだけでなく，私たちおとなも楽しみ・のんびり・輝きながら「よい加減」を探求していくことも大切だと思うのです。

のです。のちにおとなのデータを目の当たりにして「おかしいのは子どもだけではなかった」と思いました。私たちおとなも同じです。

### 最後の仮説的提案は「よい加減」のススメ

　このようことから、「日本人って真面目だな」と思います。その真面目な日本人に育てられている子どもたちも真面目に育ってくれている、それが学力のデータであり、体力のデータであり、睡眠のデータであると考えることができないでしょうか。

　一方で、今日お話しさせていただいたように、子どもたちは自らのからだと心を犠牲にして私たちにそのSOSを発信してくれています。私たち大人や社会は、そのSOSに対してアク

ションを起こす義務があると思います。

　ただ、そのSOSも見れば見るほど、わかってくればくるほど、頑張り過ぎているから起こっているSOSといえないでしょうか。子どもも頑張っています。おとなも頑張っています。だとすれば、お母さんも、お父さんも、先生方も頑張りすぎずにできる取り組みを見つけて、それにトライする必要があるのではないでしょうか。

　こんなことから思うに至ったのが3つ目の提案「よい加減のススメ」だったのです。まずは、子どもだけでなく、私たち大人も、楽しみ、のんびり、輝きながら、"いい加減"ではなく「よい加減」くらいを探求していくといった心持ちが、日本に住んでいる私たちには大事だと思うのです。

# 第 **4** 章

# これからの親の
# 働き方と子育て支援

序章で紹介した、「乳幼児をもつ母親の就労意識調査」を分析す
ると、出産後に母親が心身の辛さを訴えること、また、子どもの長
時間保育、父親と母親の長時間労働も懸念していることが判明
しました。

この国は、子育て支援においてどのような方向に向かおうとして
いるのか。このままの労働環境では、倒れる母親、父親が続出す
るのではないか。また、子どもと共に豊かに生きる生活を選んだ
親世代が、家族と過ごす（共有する）時間が限られる中で子どもを
対象化し、何かを与え続けようと、例えば教育や稽古事に力を
いれすぎてしまうのではないだろうか、という大きな不安を感じ
ました。

そこで、汐見稔幸先生に、これからの子どもと子育て世代の親の
生き方、働き方に関して問題提起をお願いしました。

# これからの親の働き方と子育て支援

（東京大学名誉教授）

## 現代の子育てに、親は自信を失っていく

### これまでの子育てのやり方で、将来わが子の生活は安定する？

　社会の在り方が急速に変わってきています。子育て、保育は社会の中で子どもが上手に生きていくようににと思ってやるものです。だけれども、その社会の在り方がどんどん変わっていくわけですから、われわれは大変戸惑うわけです。何をきちんと育てていけば、この子たちがしっかり生きていけるのか、こういう時期は次第にわからなくなってきます。

　親は別に育児の訓練を受けて親をするわけではなくてみんな素人としてやるわけです。でも無茶苦茶やるわけにはいきません。実際に何を頼りに子育てしていくかというと、自分が子どもの頃に育てられてきた時の育てられ方の

パターンみたいなものを覚えていて、わが子を育てている時にそのパターンを知らないうちに使っているのです。人間は赤ちゃんの頃から大事なことはすべてを記憶しているらしい。こういう時には親が大丈夫と言ってくれた、こういう時にはきびしく怒られたとか、それが繰り返しされるとそういう愛され方のパターンを意識でなく体で覚える。教育熱心でたくさん習い事をさせられたとか、子どものやることにレールを敷いてやることが親なのだという育てられ方をされたりすると、それが親がする行為なのだとどこかで記憶する。するとわが子にも似たようなことをする。子育てはその意味で自分でやっているように見えて、実は自分が幼い頃に育てられたパターン、愛され方の型を無意識のうちに使って、それに修正を加えてやっている、それが実態に近いのです。

　そういう意味では子育ては保守的なのです。保守的というのは要するに、自分たちが育てら

れた型から大きく変えることはなかなかでき
ないということです。

## もう一つ大事なことは、
## 子育ては社会の変化が激しいと
## 難しくなるということ

　たとえば明治時代の農業社会のような時代
であれば、わが子も20年30年後に農業社会を
引き継ぐことになります。こういうときは子育
ては楽です。なぜなら、親も農業、子も同じ農
業ですから、私が大事に思っていることはこの
子にとっても確実に大事になるからです。私が
大事だと思っていることを子どもに要求して
も間違わないわけです。

　本を読むひまがあったら仕事を手伝えなん
て昔は言っていた。というのは自分がそうだっ
たからですね。そういう状況が大きく変わった
のは戦後の60年代からです。国が農業中心社
会から工業中心社会に変えるという政策を打
ち出したからですね。

　工業社会では高校ぐらい出ておかないと、と
なって、自分は中学校しか出ていない世代もみ
な自分の子どもを高校とか大学に行かせ始め
たわけです。ちなみに私の父は大正生まれで小
学校しか出ていません。そのころから多くの人
が、塾だとか予備校に行かせ始めました。自分
が体験していない受験ですから、わが子に上手
にアドバイスなどできるわけがありません。

　それでも、受験競争が激化した60年代、70
年代前半はまだよかったのですが、70年代後半

になると、学校も社会の変化に追いつけなくな
ります。子どもたちも学校に行っても古いこと
しか学べないので、学歴を求めてもそれがかな
う子ども以外の子どもたちが次第に学校を深い
ところから拒否し始めます。これが校内暴力事
件となり、それを抑えるために極端な管理教育
が広がり、それを契機にいじめが常態化し、さ
らに、ならば学校に行かないという不登校児が
急増していきます。これが80年代でした。

　その後、国も新しい学力に切り替えたり、週
休二日制にしたりと、必死で時代の変化に対応
していこうとしてきました。

### 20年後の未来
## 人工知能の開発で
## 仕事の種類は激減する！

　ところが、それもまた通用しなくなってきて
いるのです。今、みなさんが育てておられる子
どもたちが社会人になるころはAI時代といわ
れ、人工知能という考えることができるコン
ピュータを縦横無尽に組み込んでいく世界が
生まれるわけです。もう将棋や囲碁でおなじみ
と思うのですが、ある面では人間がすでに勝て
なくなっています。これからは自動車も自動運
転になっていくでしょうし、政策も政策マシー
ンがあれこれのビッグデータを駆使して提案
する時代になるでしょう。医学も、機器の性能
が上がって早期発見すれば簡単に死なない時
代になるでしょう。

　英会話が苦手だから海外に行けないという

人も全く心配いりません。自動通訳機が出てきます。すでに74か国語ができて普通の旅行ぐらいなら簡単にできる機械が販売されています。そうすると英会話学校の半分はつぶれてしまうかもしれません。それでも行く人は「俺は自分でしゃべりたいんだ」というこだわりの人でしょうね。

# 「子育て」は子どもが将来大人になった時に上手に生きていける力を育むこと

## 家庭でも企業でも議論しよう

要するに人類の歴史の中で、今最も文化を取り込んだ社会の在り方その変化のスピードが速くなってしまっています。子育てや育児はその子たちが将来大人になった時に、上手に生きていけるように、どういう力を育てればいいのかがよくわからなくなってきているのです。将来のことが読めなくなっているわけで、読めなくなった時というのは、教育や育児は難しいわけです。

さしあたり、こういう時代への有効な対策は、みんなで、これからどういう時代になるのだろうね、どういう力を育てていくと子どもたちはしっかり生きていってくれるのだろうね、大いに議論しようと、みんなで議論していくことですね。自分が子どもの頃こんなだったか

ら、これからもこうなるとは限らないわけですから。

## 企業でもどうやって生き残るか考えている

実は同じ問題をすべてのところが抱えていて、企業もどうやって生き残ろうか必死です。今まで人間がやっていたことの多くのことを機械がやってくれる。病院でも簡単な手術はこれからロボットがやっていきます。20年後の会話は「父が癌で手術するの、心配」「大丈夫、今はロボットが正確に手術してくれるから」「でも、父が入院する病院はロボットがなくて人間がやるのよ」という会話になる。そういう社会になった時にうちの会社はどうやって生き残ろうかと。

例えばキャッシュレス社会。一般にキャッシュレス社会のほうがはるかに仕事が効率的だといわれています。現金をそのつど払うと仕事がのろくなります。

そういう社会がどういう社会になるか私たちはわからないけれど、子どもの方は直観的にわかっていく可能性が高い。変化が速いときは子どものほうが能力が高くなることがあります。そういうことも含めて企業はどうやって生き残るかということで苦労することになります。定年延長がいわれていますが、一回採用した人間を60歳まで置いておきますなんて保障をしたら、時代の変化で企業が全く別のテーマを追いかけ始めると、古い社員があまり役に立

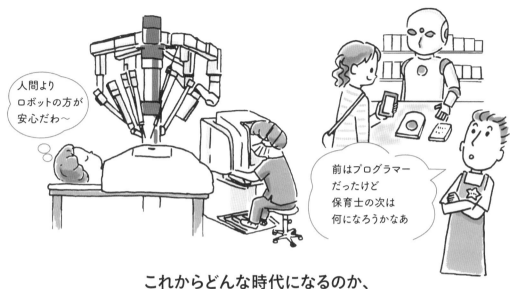

### これからどんな時代になるのか、
### 家庭でも企業でも大いに議論しよう！

たないということも起こりうる。そこで年功序列をやめていこう、一年契約や派遣社員になってもらおうという形にして解雇しやすいようにしていくということがすでに起こっているわけです。働く方は大変ですよね。

---

# 現在求められている「子育て支援」は親の長時間労働の改善

## 父親の長時間労働と母親の子育て負担は子どもに影響？？

　日本の子育て支援をやらなければならない背景にある最大の問題は、長時間労働ですね。私たちは中にいるとあまり気づかないのですが、先進国といわれている国の中で、日本と韓国が労働時間を競い合うくらい長いのです。

　ヨーロッパでは労働時間はずいぶん短くなりました。昔は地域に子どもを放り出したり家の仕事を手伝わせたりして育てたけれども、今は地域に出せるような環境ではなく、仕事を手伝わせて労働力を養うということもできません。つまり核家族化した中で育てていかなければならない比重が高い。しかしその中にお母さんしかいないと子どもを育てるのがすべて母親になり、母親が大変なのと同時に母親のメンタルヘルスが損なわれ、それが子どものメンタルヘルスをうばっていく。これではまずい、父

親を家庭に帰さないと子どもが育たない、母親がおかしくなるということで、ともかく父親を家庭に帰そうと。これは80年代からのヨーロッパ諸国の施策で、労働時間が1980年代の10年間で1日平均30分ほど労働時間が短くなった。

## ヨーロッパの保育園は午後4時に終了。お迎えはパパが中心！

　今ではドイツやフランス、オランダなどは年間労働時間が1500時間を下回っています。毎日8時間働くと1年間で大体2000時間です。1500時間を切ったということは驚くような数字です。日本は80年代にバブル経済真っただ中でしたから、逆に労働時間が伸びたわけです。タクシーの運転手さんがドイツで1600時間を切った時に日本のタクシー運転手さんは3000時間くらい働いていました。今、普通に8時間働いて少し残業すれば2300時間くらいになるわけです。ところが、それでは家庭の時間がないということで、ヨーロッパはどんどん短くしていった。短くして、並行して経営を合理化する。

　私の真ん中の息子がドイツのケルンという所で生活しています。子ども二人を保育園にあずけて妻が研究所で研究員をやっていて、息子がほぼ専業主夫をしています。ケルンというのはドイツの中では大きい方の街で、その住宅地にある保育園なのですが、午睡が終わった3時頃に訪問しました。そうすると驚いたことに4

時頃になると次々にお父さんが迎えに来るんですね。迎えに来る半分以上はお父さんでしたね。迎えが大体4時ということは仕事は3時半頃には終わっているわけです。もっと驚いたことは4時半になると鍵を閉めて保育士も全員帰るんです。保育園は4時半でおしまいでした。保育園は朝早くからやっているのかと訊くと朝は8時頃にならなければ開かないそうです。

---

# ヨーロッパの働き方と「家族の時間」に学びたい

## 家族政策がない日本

　ドイツやオランダ、イギリスが日本と違う点は夕方になると父親が帰ってくることです。ヨーロッパの夏は10時位まで明るいのでその後、子どもたちとあそびに出かけることができる。ようするに夕方以降は家族の時間が保証されているわけです。

　ドイツにはテーマパークはほとんどありません。近所に公園がいっぱいあり、その公園で無料であそぶわけです。それぞれ公園は無農薬の野菜が買えるとかポニーに乗れるとか特色を出していて、土日も遠出するわけでもなく家族であそぶ。スペインは貧しい国でしたけれども普通のサラリーマンは夏に1か月のバカンスを取ります。どこへ行くかというと安く貸してくれる公営の別荘へ行くと。働き方と生活の仕

方というバランスが全く違うわけです。

　ベースにあるのは、家族をしっかり応援しなければならない、家族を守らなければならないという政策がしっかりとあることで、それを家族政策といいます。

　実は日本には明確な家族政策がなかったのです。今から20年前にカナダ人も含めて愛育研究所で保育サービスという言葉が出てきたので、サービスとはいったい何だろうと研究会を作ったのですが、僕も参加していました。そのとき、カナダの研究者に来てもらったのですが、そのカナダの研究者がどうしてもわからないことがある、とおっしゃったことがあります。カナダはお年寄り問題も子どもの問題、育児の問題もすべて家族の問題で、同じセクションが扱う。家族を応援するという点では同じだからです。行政は同じセクションからお金を出していく、どう使うかはそれぞれの自治体で考えればいいと。家族を応援することではお年寄りをどうするか、子どもをどうするかは当然分けられない。それを日本では分けて、違うところで議論している、これが理解できない、と発言されたことをよく覚えています。

## 長時間労働が家族に還元されない国

　日本の子育て支援の根っこにあるのは長時間労働問題といいましたが、それをどう克服していくか、ようやく今働き方改革と国がいうようになりました。しかしその背景がヨーロッパ等と異なります。長時間労働問題をなんとかし

[図2] ヨーロッパと日本の働き方比較

週に50時間以上労働している人の割合

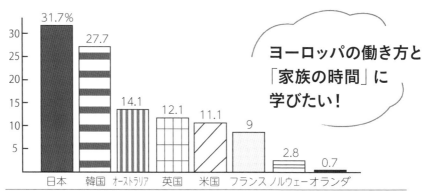

日本 31.7%
韓国 27.7
オーストラリア 14.1
英国 12.1
米国 11.1
フランス 9
ノルウェー 2.8
オランダ 0.7

ヨーロッパの働き方と「家族の時間」に学びたい！

OECDの資料から

### ヨーロッパの働き方

### 日本の働き方

これも課長が今日中になんて、もう明日になっちゃうよ〜

ろと労働組合が要求して国民的な大運動があって・・・となっているわけではないのです。ILOといった国際機関から、日本の長時間労働に対する厳しい批判と勧告があったのですが、だからということでようやく安倍政権（当時）が動き始めたわけです。

　日本は後発国でした。なんとか欧米に追い付き追い越せと無理をしてきたわけです。でももう日本は生産力の面では追いついて、むしろ追われる立場になっている。にもかかわらず、生産力以外の、たとえば家族問題、教育問題、育児問題、男女共同参画問題、環境問題、高齢化問題、老後問題などなどが、まったく先進国並みになっていないのです。日本は市民社会でなく企業社会だという人もいます。ドイツは日本より短い時間しか働いていないということは、お給料は日本より大分安いのかというと実は日本より高い。日本のサラリーマンたちの給与は世界で唯一下がってきているのです。なぜ日本は長時間労働しているのに安いのか調べたところ、日本の企業の内部留保が世界一ということがわかりました。内部留保というのは儲けたお金を設備投資や従業員の給与アップに使わずため込んでいくお金のことですが、それが世界で一番多いということです。つまり儲けたお金を外に出さずにため込んでいるわけで、いざという時に潰れないためにとってある。このお金を労働者に還元すればもっと短い労働時間で済むはずなのだけれどもそれを選択していないのが日本の企業ですね。

## 労働実態と父親の不安、そして夫婦の会話と母親の不安

　いずれにしても子育て支援をやっている人たちは　根っこにある問題が世界の「先進国」の中で恥ずかしいくらいの労働実態があり、早い時間に父親が帰ってきて毎日家族全員でご飯を食べている、そういう社会が当たり前じゃないか、そういう社会運動をやらないと、保育園が11時間も開園しているなんて、冷静に考えたらおかしいと思うことをやっているわけです。

　今の社会の中で人々が本当はどんな不安を持っているか分析していくと社会政策の中で本当はこんなことをやらなければ、ということが見えてくるのですが、それは5年単位でどんどん変わっていきます。ですからそういう所を丁寧に分析していかなければならない。

　ベネッセに頼まれて父親の調査をしました。前回の調査で出てきたのは父親が自信をなくしているということです。5年ごとのデータで、1番減ったのが自分は妻に信頼されているかという項目です。父親自身が頑張って働いているのに、それを妻が認めてくれているという自信がなくなってきています。たぶん、一生懸命働いているが、高度経済成長期には頑張れば会社が大きくなり、給料が上がり希望があったが、今はそのような希望もなくいつまで会社があるのだろうという不安さえある。要するに父親も心の深いところで自信をなくしているわけです。

　データを見ると、今の父親はある程度子育て

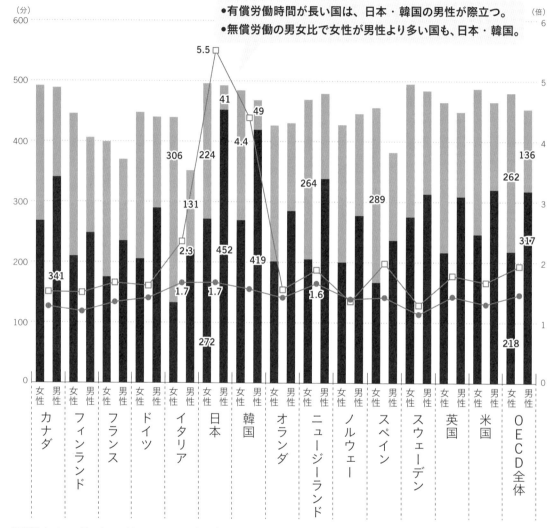

■ 有償労働　■ 無償労働　●- 有償労働の男女比（男性／女性）　□- 無償労働の男女比（女性／男性）

•有償労働時間が長い国は、日本・韓国の男性が際立つ。
•無償労働の男女比で女性が男性より多い国も、日本・韓国。

OECD`Balancing paid work, unpaid work and leisure (2020) をもとに，内閣府男女共同参画局にて作成。
有償労働は，「paid work or study」に該当する生活時間，無償労働は「unpaid work」に該当する生活時間。
「有償労働」は，「有償労働（すべての仕事）」，「通勤・通学」，「授業や講義・学校での活動等」，「調査・宿題」，「求職活動」，「その他の有償労働・学業関連行動」の
時間の合計。
「無償労働」は，「日常の家事」，「買い物」，「世帯員のケア」，「非世帯員のケア」，「ボランティア活動」，「家事関連活動のための移動」，「その他の無償労働」の時間の合計。
調査は，2009〜2018年の間に実施している。

に参加するのは当たり前になってきていることがわかるのですが、それをやると母親からの評価が上がるかというと実はそうでもなくて自信につながっていない。たぶんそんなこと誰でもやっているのよ、それでやっていると思わないで、となっているのでしょうかね。父親に対する要求が高くなってきたということでしょうか。

働いている母親にも先ほどの父親と同じような不安もあり、二つの不安を抱え、それに加えて子どもがいじめられていないかといった不安もある。でもいっても解決しないので口にしないだけで、実はあれこれの不安が母親のこころのあちこちに漂っているのです。父親が家事育児をちょっとぐらいやっても母親のそういう実存的な不安は解消しない。

夫婦の会話で、これからどうやって育てていこうと一緒に気楽に考えていければいいのですが、普段はそういう会話になかなかならない。だから私の不安をこの人はわかっているのかしら？ となる。夫も妻に相談しても仕方がないと思っているのではないか。こういう分析をしました。

## 父親のメンタルヘルスの問題と家庭支援

大きな不安が社会を覆っているような気がします。述べてきましたような意味で父親のメンタルヘルスの問題が心配です。子育て支援というと母親への支援を強調するのですが、それも大切ですが今支援しなければならないのは

父親も、ではないかと思います。60歳を過ぎて定年になり、これから何ができるかなと思っても、10年後、ほとんど何もやれていないという研究があります。孤立していることが決定的な弱点で、何かあれば集まってワイワイしていることが強みになる。しかし、仕事をしているとそんな関係を作れなかった。

確かに子ども・子育て支援法[*1]ができて、子どもを社会で育てていくという方向は生まれました。しかし、大事なのは「家庭支援」なんですね。その方向に向けて支援の実際も、法的な整備も進んでいくことを願っています。

---

# 子どもの成長と脳のお話

## 脳の成長と機能を知っておこう

さて、突然ですがここでしばらく脳の話です。脳の深部にはその人の本音や欲求を司るところがあります。ある脳科学者によると脳は三層構造でできていて、一番真ん中に脳幹があり、生命機能の呼吸、食欲、性欲、自律神経等を司っている。暑くなったら汗腺を開くことを無意識でやっているのですが、この機能が狂う

---

*1　子ども・子育て支援法：2012（平成24）年に、少子化の進行並びに家庭及び地域を取り巻く環境の変化に鑑み、児童福祉法、その他の子どもに関する法律による施策と相まって、子ども・子育て支援給付その他の子ども及び子どもを養育している者に必要な支援を行い、一人一人の子どもが健やかに成長することができる社会の実現に寄与することを目的として作られた法律。2020（令和2）年に改正。

とすぐに病気になる。そういう脳の深部の機能ですね。

その周りに今度は何かをバサッと落とした時に人はハッと身構えますね。そういう身体が反応する強い感情、これを情動といっていますけど、それをコントロールしている部位があります。脳幹のそばに扁桃体というのがあり、ここはネガティブな情動を管理していて、その情報を脳の表面のおでこの内側にある前頭前野に送り、そこで大丈夫かどうか判断してもらい、それを身体の各部に伝えるというようにして人は危機に対峙しているそうです。それに対して、言葉を操ったり、記憶したり、知識を蓄えたり、計算したり理屈で判断したりすることをやっているのが大脳皮質。前頭前野は行動の計画をする、そんなことをしたらかわいそうだとか微妙な加減のことを扱っているところ。扁桃体などがある大脳辺縁系は一方で脳幹の回路とつながり、前頭前野などの大脳皮質といったたくさんの回路につながっている。

生命機能があり、そのそばに情動の嬉しい、おいしい、悲しい等があり、その後ろに大脳皮質があり、世間はこうなっているから合わせなさい、上手に生きていきなさいということを人間に命じている、それを司っているのが脳なのです。

## 世間脳・自分脳と「子育て」の関係

特に世間の求めている倫理に合わせていくことをできるようにしているのが大脳皮質で

すね。脳の深部はその人のいわば生命的な欲求つまりその人の本音を司っていますので、仮に自分脳といいましょう。それに対して、脳の外側の皮質は世間ではそうなっているからそれに合わせて行動していくことを人に要求することを司っていますので、こちらを世間脳といいましょう。

自分脳というのは正直で、その人の生命的な欲求そのものに素直。それが段々とそんなことをいうと恥ずかしいといったことを感じるようにしているのが世間脳。どちらも必要で大事なのですが、自分脳の働きを抑え、世間脳をどんどん働かせるようになりますと、おわかりと思いますが、「よい子」になるわけです。自分の深い欲求、生命の欲求が働かず、世間に合わせる脳がいっぱい働くと、外目では「いい人」に見えますが、本人は自分が本当はそれを欲している人間か、次第にわからなくなってきます。自分の中に本当の自分がないというか。これは冷静に見るととてもむなしいことですね。

自分脳と世間脳との関係をうまく作っていくことが子育ての大きなテーマになります。世間脳は徐々に身についていくもので、自分脳の方が世間脳よりまずはよく働くことが大事です。特に乳幼児はそうで、世間がどういおうが電車の中でも泣いてくれるし、泣いたら迷惑がかかるという世間脳が働いていない。世間脳の働きが出てくると我慢ができるようになってきます。世間脳が自分脳より増しているのが大人で、そういう方向に向かうために育児や保育

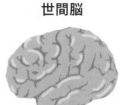

自分脳　　　　　　　　　　　　　　世間脳

**2つの脳機能の関係は実は微妙…。
どちらかの脳の機能が増しすぎると、人間は苦しむ？**

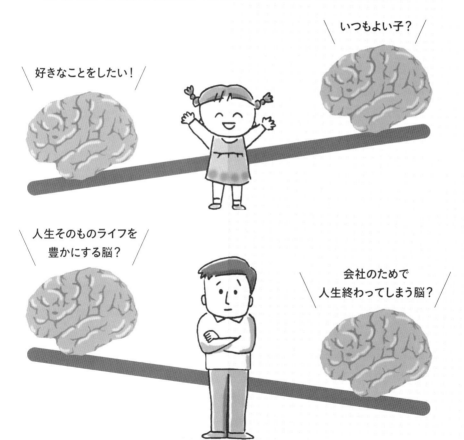

をするのですが、この二つの脳機能の関係は実は微妙で、どちらかの脳の機能が増しすぎると、人間は苦しむのですね。

## 子どもの成長・発達と子育て

そういう風にみると「発達」というのは世の中でうまく暮らせるようになることをいっている場合もあることがわかりますね。でも、そうだとしたら、発達とは大人の世界に仲間入りするためのことであって、その人間が元々持っているものを豊かに表現しながら世間と合わせていくこととは少し異なることになります。

発達障害といわれている人の多くは世間に合わせることが下手な人です。でも、元々苦手なことって誰にでもあるではないですか。苦手ということを皆わかっていて、そこは上手に配慮し、その半面で、その子のあれが好き、得意だということを伸ばしていけば皆と上手くやっていけるわけですよね。でもその苦手の内容が世間で必要なスキルだとなったらそれを発達障害といってるのです。そういう人は見方によっては個性が豊かということですが、それを活かせず自分はダメだと思ってしまう。

## ワークライフバランスが進まない日本の教育

例えばワークライフバランス。厚生労働省もいっているわけですが、一向に進まない。なぜ進まないかというとヨーロッパへ行ってみればすぐにわかります。要するに日本の教育とい

うのは世間脳を訓練することに特化しているわけです。世間で必要なワークのための教育。でも自分の生活を豊かにしなさいという自分脳の教育はずっと弱い。だからワークライフバランスといっても、日本のサラリーマンにはライフを豊かにするすべを持てないでいる人が多いんです。これではワークライフバランスといくら叫んでも、実際には進みません。自分のやりたいことをしっかり探しましょう。お金のため、会社のためだけで人生終わらせてはダメですよ、自分脳を膨らませていくことも大事なんですよ。こういう教育に切り替えていかなければだめでしょうね。

ある保育園で子どもとあそぶのは大事だと勉強会をしたところ、参加した父親が「それはわかりますが、わが家はまだ2歳だから無理です」「どうして？」「だって2歳児はまだゲーム無理ですよ」と話したという笑い話のような話があります。あそびというとゲームしかないという笑い話ですけどね。人間というのは生まれてから好きなものに出会ってそれに没頭してあそんでいると、段々と自分が何をやりたい人間なのかわかってくるではないですか。

# 社会と子育て

ここからは「社会と子育て」ということでお話します。まず、20世紀型の出世物語はほぼ解体していると思いましょうということですね。

## 偏差値の向上は子どもの幸せに
## つながらない未来社会

　点数を取って偏差値を高めて「いい大学」に入り、大きな会社に就職する、それが幸せ街道だ、という物語でしたが、これからはこの物語は成り立たなくなります。大きな会社は次第につぶれていく可能性もあり、時代の変化に機敏に対応するには小さな会社の方がいい、となってくる可能性があります。それにAI社会ですから知識の量が多いとか数学の解法を覚えているということは世間では何の役にも立ちません。それよりも誰も思いつかないようなことを考え出すとか、逆境に強いとかの人の方が重宝がられます。

　幼稚園、保育園は新しい教育要領や保育所保育指針に変わろうとしていますが、それは日本の教育の根っこを変えようということなのです。例えばコミュニケーション能力の訓練だとか答えが決まっていないような問題をワイワイ議論して、正解を答えるのではなく、その時々に必要な解をその都度導き出していくという練習をしていこう、そういう教育に切り替えていこうということが幼稚園教育要領、保育所保育指針の改訂の主旨です。これから小・中・高もやっていくわけです。一度やろうとしてうまくいかなくて、古い学力にこだわっている人たちが、総合的な学習なんてやるから計算ができなくなったとか、分数のできない大学生が出てきたとか批判して、この流れが消えかかったことがあります。しかし、これはやはり必要だとなってきたのです。

　そういう形でこれまでの成功物語を解体しようとしているわけですが、解体するのはわかるけれども、では次はどうやったら上手く生きていけるようになるのか、逆にわからなくなってきている、それが不安を拡大しているという面も確実にあるわけです。

### これからの子どもたちに伝えたいこと
## 自分の好きなことを
## 仕事の中で活かしなさい

　それはよくわかりますが、どこかに正解的な知識があるわけではありません。歴史の中にモデルがないのですから。だからこれからみんなで知恵を探っていこうとするしかないのですが、ひとつだけ確かなことがあります。それは簡単にいうと、いい会社に入って会社のために頑張るということを人生の目標にするのではなくて、私はこういうことが大好きでこういうことを一杯練習してきた、その力をぜひこの会社で生かしたいという立場、いわば会社と自分の優先順序を逆にするということですね。会社がないなら自分たちで会社を作ろうよと起業する、そうした立場がこれからは大事になるということです。

　だとしたら、子どもには「こういうことをやりたい」「これをやって仕事にできたらいいな」というものをしっかり見つけなさい！ 自分探しをしなさい！ と要求することが一番大事、ということになるはずですね。これがこれから

の育児や保育・教育の最も大事な目標になるのではないかと思います。

そのために子どもには、好きなことを見つけたらともかく没頭しなさい、それをパパやママは応援するからね、ということが子育ての原点あるいは保育の原点になるでしょう。

### これからの子育てと保育・教育
## 教え方のプロと多様な文化・技術を持っている人に出会う

でもそのためには、こんな面白いことがある、あんな素敵なことがある、という世界に子どもたちを出わせてあげることが必須になりますね。本当の文化と多面的に出会わせてあげるということです。

ある小学校の先生は自分たちは本物の優れた文化を持っているわけではない。教育とは元々優れた文化を持っている人のところへ行って弟子になって教えてもらうということで始まっている。宗教者もこの人の弟子にしてもらおうということで師匠のところに行く。ところが今の教育は違う。教え方のプロで内容のプロではない。じゃあ、ということでその教師は授業のいくつかを親にやってもらっていたのです。なぜなら親は何らかの専門家だと。蕎麦屋さんに来てもらってそば打ちを教えてもらったら、輸入のそば粉が多いということで北海道のそば粉でやるとこんなに味が違うのだということがわかったり。男の子が「絶対に蕎麦屋になりたい！！」となった。

そういうことを見つける多様な文化、人工的なゲーム文化だけでなく、多様な文化に接すること、それがこれからの教育のテーマになっていくわけです。だから、都会は田舎と提携しながらやったらいいと思いますし、学校は地域の職人的な仕事をしている人たちを全員教師と位置付けるといいと思います。

---

# 粘り強いたくましさと「非認知能力」のお話

## 団塊世代（終戦後生まれた世代）は多様な人間関係とポジティブ思考で遊びを創り出した

好奇心旺盛、たくましさ、楽観的、しなやか、落ち込まない、コミュニケーションが上手等々の力を非認知能力と言います。20世紀はレールに乗っていけばそれなりに生きられた社会。21世紀はレールそのものがぐしゃぐしゃになってしまって、一度敷いたレールもすぐ外されるとか、そういう社会になっていく。そうすると臨機応変に粘り強く発想できるような人間でなければ上手く生きられないわけです。

団塊の世代はそんな力を子どものころ鍛えられました。放課後や休日、夏休みなどには群れて道端や路地裏や河原で遊んでいた。そこにある物は公園のようなすべり台でもブランコでも砂場でもない。あるのは土、草、穴、水、

木、大きな石、坂道でそれを活用して遊んでいたのです。自分で遊びを作り出したわけです。そこにある物を上手に使うことによって楽しく遊んだ。その時最も大事なのは、頭です。頭を使わないと遊べなかった。小さい夢があってもっと面白くする力、失敗しても、じゃあこうしようとできるまで何回も諦めない力を持っていないと遊べなかった。それから相談しながらやって、異年齢で配慮して遊ぶ。そういう多様な人間関係、社会力を持っていないと遊べなかった。

　上手くいかなくてネガティブに落ち込んだ感情を人間はしばしば持ちますが、その気持ちを長く持ち続けると、人間は上手くいかなくなります。その感情をポジティブに変えていかないと生きていけない。感情をコントロールすることですね。それは理屈で感情をコントロールすることですが、社会でうまくやっている人は、ネガティブなことがあっても「そういうこともあるから」と気分の切り替えがうまい。これを情動コントロール、感情知性、情動知性とも言います。粘り強く諦めない力、社会力、コミュニケーション能力、情動をコントロールする力はかつて、地域社会で群れて遊ぶことによって、結果としてかなりの子がそういう力を身に着けてきたものです。今はそれが段々育ちにくくなってきました。

## 知的な能力と「非認知能力」の違い

　人間の能力には二種類の能力があります。計算ができて文字が書ける力は、世間脳で知的な能力を育てることですが、これが優秀な子どもを育てることだとこれまでは思っていた。ところが、その知的な能力は先走って教えてもすぐに忘れてしまう。5歳児に九九を教えて最後までいえたとしても、その子が中学生になった時に数学で高い点を取るかというと実は関係がない、後から勉強を始めた子がすぐに追いつくのです。知的な能力というのはその子が今、本当にそのことを知りたい、わかるようになりたいということと関係なくやっても、結局頭に間借りしているだけで、後から勉強した子が追い付いてしまう。知的能力を早めに伸ばす教育をやっても効果は一過的なもので終わってしまうことがわかってきた。幼稚園で3、4歳から英語をやっていた子の中学校での英語の成績が良いということを聞いたことがありますか？　ないですよね。なぜなら、日本に3、4歳で「英語をしゃべりたい」という子どもがどれだけいますか？　日本の社会には原則いないのですね。英語教室の外に出た後、英語を使う機会がないのです。周りに外国人がいて、英語を話せた方が楽しい環境ならすぐに話せるようになります。

## 「アタッチメント（愛着）」は非認知能力に含まれる？

　認知能力は早めに育てようとしてもあまり効果がないのですが、これまでお話ししてきた非認知能力はしっかり伸ばさないといけないということがわかってきています。赤ちゃんの

頃から丁寧に育てていくことが大事なんです。赤ちゃんの頃から育つ、たとえばアタッチメントなども見方によれば非認知能力なのです。アタッチメントというのはちょっと不安な状態があった時にそのネガティブな情動を上手に克服していかねばならないのですが、小さい子どもはそれを自分の力だけではできないので、他人の力を借りて克服していることをアタッチメント（愛着）といってます。

　たとえば、おんぶしてもらったり、手を握ってもらったりする、そうすると次第に不安な情動が解消していくことがわかっています。それを繰り返すうちに実際に抱かれなくとも、心で抱いてもらうだけで大丈夫になるのです。そして他者への深い信頼感を得、自分は助けてもらえる、人は信頼できるという感覚を手に入れます。これは社会性のベースで、他者と自由にかかわれるようになっていくための条件なのですね。

　これからは保育のやり方を変えていかねばならない、それはかつて地域で育っていた人間性を人工的な環境の中で丁寧に育てていくということですが、それだけではありません。21世紀に必要な知性の基礎も育てていかねばならないのです。それは勝手に育っていた頃より難しいかもしれません。

## まとめ〜
## これからの子ども子育て支援

　話がだいぶ保育のことにずれましたが、申し上げていることは家庭でも同じです。子育て支援を担当している方にも同じようにあてはまると思います。

　これからの子育ては、地球規模の問題を起こした我々世代が残した問題を解決していく力を子どもたちに育てることを課題としているわけです。いってみれば、我々親世代よりもいい意味で賢い世代になってもらうしかないのですね。そうしたミッションをもってこれからの子育てをみんなで考えていければと思っています。

自分脳がしっかり成長している2歳児。
遠くの砂場に、ネコグルマ（一輪車）に水をいれて
坂道をのぼっていく（ママは付き人）

# 第5章

# 妊娠期から切れ目のない子ども・子育て支援とは？

この数年、妊娠期からの切れ目のない子育て支援は大きなテーマになっています。発達相談でも、重い子育て課題を抱えているママ達は、幸福感の乏しい出産状況の方が多いと感じています。妊娠―出産―子育てのプロセスをつなぎ、親と子を包括的にサポートする助産師と保育士、そして地域支援をする保健師がコラボすることが大切な時代が来ています。

本章の山本詩子先生は、虐待をしてしまうママ達の特徴は「望まない妊娠」の方が多いというデータに対して、「思いがけない妊娠」という言葉を使われます。そして、赤ちゃんもママも大切にされる、「尊厳のあるお産」が女性の尊厳を守ることにもつながっていくと話されています。

国内外で活躍する山本詩子先生の明快で温かく豊かな支援のスタイルをご紹介します。

# 妊娠期から切れ目のない子ども・子育て支援とは？

山本詩子
（山本助産院 院長、日本助産師会元会長）

（2019年8月3日研修会より）

私は山形から神奈川横浜に出てきて看護学校を卒業し助産師となり、その後横浜市大病院勤務、1994年に山本助産院を開設しました。

それ以降は神奈川県の助産師会の会長それから日本助産師会の会長を務めておりました。2019年に退任し、現在は山本助産院の助産師として日々を過ごしています。

助産院外観

## 助産院における多機能・多職種連携の子育て支援

### 乳幼児のためのショートステイ・デイケアアウトリーチ*1

こちらが私の助産院です。現在も開設している助産院です。もし見学に来られたいご希望がございましたらどうぞいらしてください。小さい助産院ですが、この中でたくさんの機能を持ちたいと思っています。それは助産院の経済的基盤をしっかりさせるという意味でもありますが、開業助産師になってから、子育て支援という位置づけで助産師活動を行ってきた中で、助産院がすでに有しているたくさんの機能を市のさまざまな事業と結びつけていくという考えに至りました。

---

＊1　アウトリーチ：出張や出前をする活動（多くは自宅への訪問支援・近隣での公園遊びなど）。

助産院がすでに有している機能として、親と子のつどいの広場「たんぽぽ」（これは横浜市の事業）、それから、妊婦健診やお産後の母乳外来（これは助産院の機能）があります。それから、産後母子ケア事業というものがあります。これはショートステイ、デイケアアウトリーチです。他の病院で出産したお母さんたちの中にも、産後の手伝いがない、育児不安が強い、さまざまな育児が不慣れであるといったお困りのお母さんたちがいらっしゃいます。そういった方たちがこの助産院における母子ケアを利用されます。

　そして、産後ヘルパーは有資格の人ではありませんが、子育て経験のある方、家事が上手なお母さんたちが、産後のお母さんたちを訪問してごはんを作ったり、洗濯をしたり、さまざまな育児の相談にのったりというようなことを行っています。

　母子訪問ステーション*²も併設しています。それから、行政が行っている母親教室や母乳育児相談や沐浴指導などを行っています。ひとつの小さな助産院の中にたくさんの機能を有しています。これは高齢者には、小規模多機能施設というのがすでにあって、デイケアやショートステイもありますが、この助産院で行われているのは乳幼児のためのデイケアショートステイですので、高齢者版と乳幼児版というふうに考えてもらえればわかりやすいと思います。

*² 母子訪問ステーション：小児、妊産婦のケアをする訪問看護ステーション。

　また、「親と子のつどいの広場」は、横浜市金沢区の場合は4カ所あります。その中の1つ、助産院内の「たんぽぽ」は子育て支援の親と子のつどいの広場事業ということでやっています。このつどいの広場事業は、主に0～3歳までの未就学児と保護者を対象にした人たちが集ってくるわけです。

　助産師相談の場として、助産院の中に「つどいの広場」がありますので、365日ほぼ毎日助産師がいる。助産師が勤務をしている場所でこの広場が行われているので、何か心配事があればすぐに助産師に相談することができます。たくさんのお母さんたちが集まってきて、ワイワイと本当に楽しそうです。

　今までは助産院に来るお母さんたちを対象にしていたので、このひろば事業を受けてから助産院以外で出産した人が多くいらっしゃいます。これまで、たばこを吸うお母さんはまず見かけなかったのですが、入り口の前で2～3人くらいのお母さんがバギーを押しながらタバコを吸っていて、そして側溝にパンと捨てる姿を見たときはちょっと衝撃だったのですが、そういうお母さんも普通に出入りをしてくれるようになりました。今まで出会うことのなかったタイプのお母さんも別の角度から姿を見るようになり、多様性、人種もそうですけれどさまざまな多様性を受け入れなくてはいけませんし、私たちが順応していかなければいけないなあと感じているところです。ミルクのお母さんもいれば母乳のお母さんも混合のお母

さんもいて、豊かな暮らしの方もいればそうで
ない方もいて、それぞれさまざまです。

## 尊厳あるお産と助産師

　数年前に"コウノドリ"というテレビ番組が
ありました。女優の吉田羊さんが助産師役でし
たが、凄くかっこよかったです。この吉田羊さ
んがコウノドリで助産師を演じるようになっ
てから、小中高校生が助産師をめざすというの
が非常に多くなりました。看護師さんというの
は人気があるのですが、助産師という職業はあ
まり若い方の耳に届くことがなかったので、こ
の吉田羊さんが助産師を演じた功績は大きい
なと思いました。

　この"コウノドリ"の中で全編にわたって描
かれていたのが尊厳あるお産です。大変なお産
もあって、お母さんの命が危ういような場面の
お産もありましたが、そのすべての場面で、お
母さんと赤ちゃんがとても大切にされる「尊厳
あるお産」は、女性の尊厳を守ることにもつな
がっていくわけです。そして助産師、産婦人科
医、またお産に関わるすべての医療者は、常に
母子に優しいケアを提供していくことを基本
に置いています。

　そして私は助産師ですので、特にあえて言い
たいことは、母乳育児を推進していきたいとい
うことです。母乳を飲ませることによって、オ
キシトシンが母親の体中からどんどん分泌さ
れる訳です。このオキシトシンというのは、子
どもがいとおしいとか可愛いとか愛らしいと

生後まもない赤ちゃんと山本先生

か大切に思うというホルモンなのです。ですか
ら人工的に陣痛促進剤の中にオキシトシンを
どんどん入れたとしても、それは体外にあっと
いう間に排泄されてしまいます。けれども母乳
を与えて、あるいは誰かに優しくされて体の中
に自然にわき起こる天然のオキシトシンは
ずっと持続していくものなのです。ですから私
はこれから出産する人にもそして赤ちゃんを
育てようとする方々にも、是非母乳を薦めてほ
しいと思っています。

　ただし、私たちは多様性を受け入れる観点か
ら言いますと、ミルク授乳のお母さんも、混合
になったお母さんも、授乳リズムが順調にいっ
て育児がスムーズに行くことをとにかくサ
ポートしていきます。

# 不妊治療と高齢出産の増加は母親になる女性に何をもたらしたか

## 出産後の女性社会参画とキャリアアップ

　近年は、政策面で女性の活躍を促進していることもあって、女性が働きやすい職場をめざしましょうと、出産後も働く女性が増えています。産休が明けても元のポジションに戻ってくる、そしてキャリアアップできる社会にしたい。最近は子育て中も高齢者の介護をしながらも、キャリアアップしながら社会の一員として活躍できる社会を目指そうと推進しています。

　そして最近の妊産婦さんたちの傾向が非常に変わってきました。ここ10年20年の間にどんどん変わってきています。高年齢になってきていまして、現在35歳以上は当たり前です。以前は35歳から高齢初産と呼ばれていました。私が結婚した当時は25歳になるとクリスマスケーキといわれていたのですね、24日まではボンボン飛ぶように売れていきますが25日以降はパタッと売れなくなる？ という例えです。

　現代は、25歳は大学を卒業して数年ですから、これからどんどん社会の中で力を付けて、キャリアアップして飛躍していこうと思っています。ある時、ハッと気がつくと、35歳はとうに過ぎて40歳近くなって、急いで結婚しなくてはと思い結婚しました、ネットで調べてす

ぐに妊娠するかと思ったら妊娠しなくなった、そのため不妊治療をして、やっと45歳くらいになって赤ちゃんを授かったと言う人も珍しくないです。

　ですから私は助産師の実習に来る学生や見学にくる大学生たちには、「20代で産むとリスクが少なくてすみますよ」と話してしまいます。なぜかと言うと、産後入院してくる40代のママ50代のママたちは、身体が辛そうだからです。

## 出産後、育てる力に元気が出ない？
## 知識はあるようでない、情報がほしい！

　産後入院してくる40代のママ50代のママたちは、身体が非常に辛そうです。産卵後、川を漂っている鮭のような状態で、もう本当に子どもを育てる状況ではないという、まずは自分の体を休めなくては育児ができないというくらいまで大変そうな感じを見受けます。そして、高学歴で社会的な地位もあり経済的にも安定している方が多い。不妊治療によって、双子や三つ子の赤ちゃんを産んでいるお母さんたちも非常に多くなりました。また、30代40代いろいろな経験をしてきた方たちだからかもしれませんが、生活スタイルや赤ちゃんに対してもこだわりと要求度が高く、思うように育って欲しいという親御さんの気持ちが出ているように思います。

　初めての子育ては、知識があるようでない。そして困ったことは何でもネット検索すると、

ほとんどのことが出て来るようになりました。お産直後でも入院中でもほとんどの人が携帯を触ります。病室に携帯タブレットやパソコンを持ち込む人もいます。皆さん、一生懸命なのです。

# 産後うつの母親の自殺率と0歳・1歳児の虐待死亡数の多さ

## 産後うつと0歳児への虐待？ の実態が明らかになりつつある

現代は児童虐待が深刻です。実は0歳児の虐待死亡数が多いという実態がありますが、それは、産後うつによって産後1年未満の母親の自殺者数とイコールでした。

2018年の新聞記事から大変恐ろしい実態が明らかになりました。日本の出産時の妊産婦死亡率は大変低く、世界水準でもトップクラスになっています。ところが医学の進歩で、お母さんたちを助けて守っているのに、出産後の産後うつなどによって、生まれた赤ちゃんとお母さんの心中を含めて、母親が自分の命を絶つというのは、過去2年間に大変多い（92人）ということが明らかになりました。

産後うつによる自殺というのは耳にしますが、統計として出たのは初めてでした。こんなにがんばって助けているのに、出血からも子癇発作*3からもいろいろな妊娠中毒症、大変な産科の危機的状況から助けているのにも関わらず、その後産後うつになって自ら命を絶つという、こんな悲しいことがあっては絶対にいけない。なんとか歯止めをかけたいと、皆が必死になっています。

乳幼児虐待の数も急上昇しており、産後の0歳が一番多いという統計が出ています。0歳でもいつが一番多いかといいますと、出生当日、分娩当日の虐待死というのが最も多いです。なぜかといいますと、これは望まない妊娠、思いがけない妊娠の結果です。

高校生や未婚といった、さまざまな理由から、自宅の押し入れ、あるいは公園で産み落としたとか、どこかのトイレに捨ててあったとかというのがそのひとつです。ですから病院の中で元気に生まれた赤ちゃんが生後1日目に親に殺されたということではないのです。

つまり、自室で産んだ等、病院以外の場所で命を絶たれた数が示している数です。あるいは新生児早期1ヶ月未満というのもあるのですが、統計的には一番多いのは出生当日ということになっています。ですから、乳幼児虐待による死亡を減らそうということにおいては、思いがけない妊娠とか望まない妊娠をなくすこと、そして九州に赤ちゃんポストがありますよね、赤

---

*3　子癇発作（しかんほっさ）：妊娠中、出産時、出産後にも発症する、妊娠高血圧症候群（他にも、10代の妊娠、初産婦、多胎、極端な体重増加など）に伴って生じる全身けいれん。てんかん、過呼吸、脳出血と症状が似ているが、妊娠20週以降に初めてけいれん発作を生じた場合にいう。お腹の赤ちゃんへの影響も高いので、緊急帝王切開など、医療的な対応が重要とされる。

ちゃんポストの中にもう何百人という数が預けられているという実態が報告されています。そのほとんどが望まない妊娠、思いがけない妊娠、そして離婚のあと育てられないというようなさまざまな家庭環境、貧困なども合わせた状況が見受けられています。

この虐待死の加害者の割合というのは、実母が最も多くて現在の統計では全体の半数以上、父親や義父にもありますが、父親以上に実母の数が多いのです。実母の虐待により、自分の子どもを殺めてしまう、ここを何とかくいとめなければならないと虐待防止法案があり、虐待防止にかける予算を上げて国も取り組んでいます。

## 産後ケアの大切なこと
### 妊娠中から大事にしてもらうこと

産後ケアのポイントですが、お母さんが子どもを受け入れて愛情深く育てて行くためには、自分の心も体も大事にしてもらったという経験が非常に重要になってきます。私も大事にしてもらった、だから私も子どもを大事にする。誰かに優しくしてもらった、だから誰かに優しくできる。これは当たり前の「やさしさの循環」だと思います。

産後に大事にしてもらうのではなく、妊娠中から大事にしてもらう。妊娠中からあるいはずっと遡っていって、それぞれの役割、ポジションのところから、優しく接していく。幼稚園の先生や保育士さん、小学校の先生、中学・高校の先生、さまざまなポジションの人たちが

お母さんへのマッサージ

その子どもたちに優しく接するということ。そして成人したお母さんが妊娠した時に、妊娠中から大事にされていく。私のからだも大事にしてもらい、おなかの中の赤ちゃんも丁寧に見てもらっている。産後も丁寧に見てもらった。この循環が非常に重要だと思います。

家族、専門家、周囲からの温かいケア・サポートが、子どものケアをする原動力になっていくのは間違いないと思います。チームで支援する多職種連携です。これは助産師だけががん

ばっても、ナースや医師だけでもダメ。社会の
さまざまな子育て支援にかかわる人たちが、丁
寧に母子に「やさしさの循環」をつなぎながら
関わっていかなければいけません。

　具体的には医療者と連携し、特に地域連携と
いうのを大事にしています。母子手帳の交付あ
るいは区役所での両親教室、さまざまな健診等
があります。この中で役所の方、役所の保健
師・助産師、それから小児科の先生や歯科の先
生、う歯（虫歯）の多い子は貧困・虐待あるいは
ネグレクト、というようなことが同時に隠され
ていることがあるので、それぞれの医療関係者
がそれぞれの立場から母子を見ていくという
関わりをしています。

　この虐待防止ですけれども、横浜市の産後母
子ケア事業というのが立ち上がったのは、今か
ら4年くらい前です。児童虐待の未然防止で、
虐待防止法案ができてから、母子にもっともっ
と深く目をやりましょう、お母さんの産後の心
身の回復の促進と育児、授乳の支援を行いま
しょうということです。産後うつになる一番最
初のきっかけは、授乳がうまくいかない、母乳
を上手く与えられないということです。それを
きっかけに、うつ傾向になるということが非常
に多いです。これはデータでも示されていま
す。産後うつを予防するためには、まずお母さ
んのことをしっかり見ていきましょう、という
ことで授乳をスムーズにすること、授乳のリズ
ムができて、授乳の間にお母さんがゆっくり休
むことができるという環境や状況を作ってあ
げるというのが重要だと考えています。

　そして、少子化に歯止めをかけるには、また
産みたい、もう1回産みたい、子育てって楽し
いなと思ってもらえるようなことが必要です。
こういったことを行うことで、虐待防止から産
後ケアという事業に発展してきました。

### 産後うつ尺度とスクリーニング
## 検査・診断・治療へとつなぐ

　エジンバラの産後うつ尺度【質問票】
「EPDS」（Edinburgh Postnatal Depression Scale）
というものがあります。EPDSは英語版の頭文
字です。このEPDSには10項目ありますが、
30点満点中、9点以上をうつ傾向としてチェッ
クをします。

　9点以上は、市役所の方、保健センターの方

ベランダでゆっくりとお花を

に届け出をしなければいけない値なので、その用紙が助産院やクリニックの方にもあり、医療者がみんなで見ていくことにしています。ただ、EPDSに関してもいろいろな項目がありバイアスがかかり正確ではないとの意見もあります。

　産後入院を受けたいというお母さんは、オーバーに書いてしまったり、あるいは本当はすごく心配事があるのですが、自分が産後うつっぽいと思われたり虐待をしそうな親というレッテルを貼られるのがイヤだという人もいて、得点に結びつかないこともあるからです。ネットでもEPDSが簡単に出てくる時代なので、医療者のためだけのものではありません。ですから、自分の心を読み取られたくないからあえてつけない、良い母親のようにつけているというような調査のバイアスがかかることも充分にあるわけです。そのこともふまえて、日頃のお母さんの様子というのは、医療者が本当にしっかりと丁寧に見ていかなければいけないと思います。

　EPDSのスクリーニングの目的は、援助を求めている母親を見つけ出す機会であって、母親が受けとる情報が有益であることを母親に理解してもらう。そして制度の中では、2週間健診と、今は1ヶ月健診があります。お産して退院してから1ヶ月健診まで赤ちゃんとお母さんに出会うことはなかったのですが、今この制度ができてからは2週間健診・1ヶ月健診ということで2回健診を受けて、さらにこのEPDSで

お母さんの気持ちのスコアとか、赤ちゃんへの気持ちのスコアということとダブルでチェックしています。感情を記載しにくいというのがあって、悪く書くか良く書くかは、そのお母さんの精神状態の影響もあります。それを受けた助産師がそれを元にお母さんたちと接していくということも必要になっています。

　産後入院は安心して子育てができるように、病院を退院したあと、心身共に不安になりやすい産後4ヶ月までを対象にしています。産後4ヶ月までで産後入院も産後ヘルパー制度も終わります。ただ、10ヶ月頃で自殺が多いなどの情報が出てくると、やはりこの1年間というのは、周りでお母さんたちをサポートしていくことが重要だと思います。

　育児不安の早期解消、それから産後うつ、乳幼児虐待等の未然防止につなげようということで、また産後、お母さんたちの健全な健康を取り戻し職場に向けて復帰できるように支援していこうということが目的になっています。

## 「マタニティーブルー」と産後うつの関係

　「マタニティーブルー」は、産後のホルモンバランスの急激な変化によるものです。これはさまざまな書籍からもわかっていることですし、皆が知っていることです。エベレストから

急降下するようにホルモンが変わるときなので、涙もろかったり、産後うつっぽくなったりすることがあります。7〜8割くらいの女性には、この「産後うつっぽさ」があります。「産後うつ」となると、これは本当の病気なのですが、産後うつっぽさは、誰でもなる可能性があるということです。

### 「産後うつっぽさ」のお話
## 自宅訪問で
## 誕生祝い・乳児健診券の手渡し

　皆さんも風邪をひいたりインフルエンザになったり、ヘルニアでからだが動けないという経験があるかと思います。その時、元気100倍ですか？ 痛いけれど元気です、食欲がありますということはないですよね。ということは、出産しておっぱいが痛い、赤ちゃんの通り道に傷がある、痛いし出血がある、乳頭亀裂も痛い、体中がすっきりしない、赤ちゃんも寝てないし飲まない、抱っこしなければ泣く、そしてお腹もいっぱいでオムツも替えたのに泣いている意味がわからない。そして、お母さんも一緒に泣くのですね。

　このように「産後うつっぽさ」って、誰にでもあること、起きることです。「マタニティーブルー」という言い方もしますが、「産後うつっぽさ」はあくまでも一過性のもので、本当の病気ではありません。数ヶ月もすれば自然に解消する、消失する、「産後うつっぽさ」とか「マタニティーブルー」という自覚があればそ

れでOKなものなのです。自覚がなくなると、今度は、笑顔が消え能面顔です。

　厚労省の事業で、「こんにちは赤ちゃん訪問」という事業があります。出産後のご家庭に全戸訪問をする事業です。これは国の政策です。この全戸訪問では、ご出産のお祝いをしつつ、お困りの時は遠慮なく区役所、保健センターに連絡してください、民生委員や保健師、助産師などさまざまな職種の人が訪問します。困った時は連絡くださいということで、実際に担当者のお名前を伝えています。子育て支援のパンフレットなどを開いて説明して、支援につなげるさまざまな工夫をしています。

　産後数ヶ月の赤ちゃん（新生児）訪問で、お母さんがすうっと出てきて、「こんにちは」でもなく無表情や能面顔、訪問した指導員さんは、「ゾッとした」という言い方で報告してくれることもあります。そんな辛い人たちを見つけるためにも、産後の全戸訪問を実施しています。行政によっては、赤ちゃんのおもちゃや、4ヶ月健診・6ヶ月健診など1歳児健診までの間に複数の乳児健診券などが利用でき、他の自治体もプレゼントは工夫しているようです。

　乳児健診は赤ちゃんを見るのですが、連れてくるのはお母さんですので、赤ちゃんも見るしお母さんも見ます。さまざまな機会を利用してお母さんと赤ちゃんを見ています。

　さらに、特別養子縁組、あるいは障がいを持つお子さんを育てているお母さんたち、すべての子どもに関わるお母さんたちや家族をサ

ポートしていかなくてはと思います。産後うつは出産直後から4ヶ月の勝負、ホルモンの影響によるものといわれていますがそればかりではないと思っています。サポートが必要な方には、適切に届いてほしいものです。

### 不妊治療のゴールは出産？
### 妊娠と麻酔分娩のこと

　産後1ヶ月頃からの産後うつの誘因の傾向としては、不妊治療が非常に多くなったこともあります。不妊治療は出産がゴールであって、その後の育児がこんなに大変とは考えなかった、ミルクをあげればすぐに寝て、お腹が空いたらちょっと泣いて、オムツを替えて、また飲ませればスーッと寝てくれるかと思ったら、自分の思うように寝てくれない等の声を聞きます。お母さんもだんだんうつっぽくなってしまいます。そんな時にさまざまな支援事業の中でお母さんたち母子を支えていく必要があります。

　例えば、麻酔分娩とか無痛分娩でお産した方が産後、入院されて来ますが、本当に大変そうです。麻酔分娩はからだが楽というので増えていますが、ぐずぐずに崩れてしまうお母さんたちも多くいらっしゃいます。背骨に針を刺して、そこから背骨に薬液を注入して下半身を麻痺させて痛覚を取ってしまう訳です。痛覚がないから会陰切開、縫って、さらにいきむ力が弱いから吸引分娩や鉗子分娩になる。それでもなかなか陣痛が起きず弱かったら途中から帝王切開になる、ということもあるので、医療処置

が重複している方は特に大変そうです。

　これから産むという方は、麻酔分娩でなく、病気がなければ自然に産むのが良いと、助産師を35年間やってきて切実に感じます。麻酔分娩全盛の時代に私は助産師になりましたが、その頃から徐々に自然分娩が見直され、近年麻酔分娩は3割以上の女性たちが選んでいます。

　1日寝られないだけでも、うつっぽくなります。24時間なんて絶対に起きていられないです。ずっと起きていなければいけない状況が丸2日も3日も続いたら、女性は必ずノックアウトです。ですから、うつ傾向というのは、どんなところにも潜んでいるということです。

## 赤ちゃんの子育て＋家事は、
## 誰でも、みんなが大変！

　出産後の落ち込みの原因、ダントツは家事育

ゆったりリビングで身体にやさしい食事を！

児の疲れです。産後うつというのは、子育てうつともいえるのではないかと思います。家事疲れ、育児疲れの時に、誰か第三者がそこをサポートしてくれる、手助けしてくれるというのがあると、随分とお母さんの大変さというのは軽減すると思います。赤ちゃんと二人きりの生活が辛いです。夫を朝送り出したら、1日中大人と話さない、TVを見たりスマホを見てずっと過ごして、買い物もしていない、声も出していない。

　赤ちゃんに声をかけるといってもまだ生まれたばかりです。2ヶ月や3ヶ月の時、ましてや初産婦だと、赤ちゃんをあやすことや声をかけるというのもなかなか勇気のいることです。男性は特にそうです。今はお母さんお父さん向けに、手遊びの歌のクラスがあったり、あやし方のクラスがあったりします。「いないいないばあ」などと普通にできることでも、赤ちゃんなのに何かちょっと照れてできなかったり躊躇したりする。何度も自分の子どもにやって、2ヶ月、3ヶ月くらいから赤ちゃんの笑顔が見られた時は、お父さんお母さんはとても喜びます。赤ちゃんの笑顔はお父さんお母さんの育児の頑張りを、何よりもバックアップしてくれます。表情の豊かな子どもに育てていくためには、お母さんお父さんが元気でいなければいけないということです。さまざまな機会を投じながら、産後うつや子育てうつにならないような支援をたくさんしていかなくてはと思います。

## お母さんとお父さんが元気になる支援が、赤ちゃんの笑顔を引き出す

　産後うつの状況は、イライラして意欲が出てこない、すごく落ち込んでしまう、悲しくなる、将来に希望が持てない、憂鬱になる、家事ができないということもあります。ですから、子育て全戸訪問の指導員さんの研修のなかでも、玄関チャイムを何回鳴らしても出てこない、ようやく出てきたのだけど笑顔がない、玄関の周りが凄く乱雑になっている、玄関を開けたらゴミだらけになっていた等には、注意が必要だと学びます。もう3ヶ月4ヶ月経っているのにパジャマのままちょっと顔だけ出しました、というのも要チェックのひとつです。日が経っているのに雨戸が閉まっている、カーテンが閉まっているなど、日常生活の中のお母さんの様子からも何か心配なことがあれば、産後うつっぽいという異常サインでもあるかと思います。

　不眠がずっと続いていると、記憶力も減退したり、考えがまとまらなくなったりして次の行動に移すことがなかなか難しいということがあります。自分の考えがまとまらない、自分の行動がそれについていかない方もいる。いつもと違ってできない方もいる。声を掛けていかないとなかなか進まないというお母さんたちもいるのです。ぼやーんとするホルモンが出ている。実は、そのぼやーんとしながら、悲しいことも辛いことも痛いことも、ちょっと和らぐようになっている。そして母乳からオキシトシンというホルモンが出ていますが、実は、これはテ

キパキできるホルモンではないのです。

優しくほんわりと赤ちゃんを育てるという意味では大事なホルモンではあるのですが、一方、産後うつ傾向になってしまうと、心と体のバランスが崩れてしまい、朝早く起きられない、朝食の用意ができない、寝間着姿で家事をしている。部屋の掃除ができない、洗濯物がたまってしまう、自己嫌悪で泣けてくる、家事ができない、といったうつ傾向になるのです。

台所の流しが山盛り、洗濯物がたまっている、何とか干したとしても畳めない、畳んでタンスの中に整理整頓して片付けるというところまでいかないので、1日中、私はこの子と二人っきりで仕事もしていないのに、なんで家事がはかどらないのだろうという、お母さんの自己嫌悪の中で、産後うつに拍車がかかってくるのです。

## 産後ヘルパー支援と周囲のサポート

家事支援である産後ヘルパー支援という支援があります。これは、社会全体でお母さんをサポートする、子育て支援をしていくということにつながるのだと思います。赤ちゃんの心配の中では、まず授乳がうまくいかない、よく泣く、赤ちゃんの体重が増えないと悩むお母さんたちによく出会います。「体重が増えないんです」と毎日体重計にのせて計っているお母さんたちは神経質になっています。些細なこと、くしゃみやしゃっくりでも、ちょっとミルクを戻しただけでもとても心配しています。

お母さんたちには、こういうできなかったことや心配だということがたくさんあります。周囲の方のサポートとしては、まずお話をよく聞いてあげてほしいと思います。そして、ご家族の方やお父さんにも、こういう傾向があるから、「まずはそばにいてあげて、そしてお母さん、奥様の話に耳を傾けてください」とお話してください。ご家族は、パソコンやスマホを見ながらではなく、また「うんうん、そしてどうしたの？」から、「結論は？」など、話を急がないで、よくお母さんたちの話を聞いてほしいと思います。男性はこのネガティブな物話をだらだら聞いてくれないことが多いようです。ですから、「何が言いたいの？」という結果を求めず、まずは「うんうん」と真剣に話を聞いてあげてほしいと思います。

そして、いたわりの言葉を掛ける、優しく触れる等のスキンシップも大事です。それから、かいがいしく家事を手伝ってあげてください。以心伝心はないに等しいですから、「食器拭いてくれる？ 拭いたら美味しいお茶飲もうね」など、具体的に伝えます。そして、私はママのほうにもいうようにしています。「以心伝心と思わないで、（夫に）してほしいことを伝える。こうやってほしいということを、具体的に伝えて」などと話します。母親教室あるいは産後さまざまな教室の中で、お母さんたちの言葉を代弁しながら、ご家族やご主人たちに伝えています。

そして支援者としては、皆さんも子育て支援に関わる人たちなので、さまざまな社会資源を

明るい個室の病室＋家族との面会ルーム

## 妊婦期から出産後まで 切れ目のない支援とは～ 親と子に周囲の人の優しさを 伝える工夫を！

### 大切なのは、 一人ひとりに丁寧に接すること

　お母さんたちからよく耳にすることですが、時々育てにくい子がいます。お母さんが「私のお産はすごく大変でした。お産も大変でしたが、この子はおっぱいに吸いつくのもすごく下手な子で、それからあまり眠らない子で、いつも泣く子だった、「かんしゃく」をおこす子だった。育てているときも、ずっとかんしゃくをおこして、何をしてもダメ、オムツを替えてもおっぱいを飲ませてもだめでとても大変だった。私の体が辛い、心が折れそう、逃げ出したい、育児で楽しいことなんてない」ということでした。虐待する親の気持ちがわかる気がしました。虐待はしませんでしたが、子どもを残して家を出たいと思ったことが何度もあるというお母さんの言葉をよく聞きます。

　お産がスムーズで、母乳育児がスムーズであったら、その後またスムーズに流れるということなのかなと思い至り、私はお産を丁寧に大事にして、なるべく母乳育児がスムーズになるように支援していこうというふうに助産師の立場で思っています。

　皆さまはそれぞれの立場で、お母さんたちの

知り、そして活用に結びつけてほしいと思います。支えて受けとめて、後押しする、そして焦らない、相手がゆっくり休めるように配慮する。また、具体的は支援としては、否定的な言葉を使わない、共感を込めて、ミラーリングも大事です。ミラーリングはコミュニケーションの初歩的な技法です。心配だという言葉をちょっとアレンジして、お母さんにそのまま戻していくだけでいいのです。子育て支援者が私のことをわかってくれたと思います。さまざまな場面、自分の子どもにも友だちにも誰にでも使えます。まず、私はあなたのことを聞いたよ、話を聞いたよ、あなたはこんなことが心配なんだね等、心配の内容を相手に戻してあげるだけでいいのです。お母さんの心配がなくなるように戻してあげる、ということが大事なのだと思います。

困っているところに行きつくことになると思います。その時にはお母さん一人ひとりに丁寧に接してほしいと思います。

子育て支援広場の研修会の時に、私がそのひろばスタッフの役割でこんな風にしてくださいということでお話しした内容ですが、日常の相談や話をよく「聴く」ことです。この聴くは、耳を傾けて聴くことに徹してほしいです。話を遮らない、質問しすぎない、そして一緒に遊ぶ、赤ちゃんや子どもたちを抱っこする、常識的なことをさりげなく伝える、アドバイスは最小限にする。そして自分の当たり前、自分の尺度を皆さんそれぞれもっていますが、普通はこうです等と、自分の尺度に当てはめないことです。

一度自分の尺度をリセットする。そのお母さんの尺度に合わせていきます。自分の尺度を応用すると、何か変なお母さんとか何か変わったお母さんという計測、スケールになってしまうのです。リセットして、そのお母さんスケールに合わせた支援を考えていくことが重要かと思います。

## さまざまな社会資源の活用方法と場所を、必要な親や家族に「届けられる力」を持ってほしい

横浜市にはさまざまな支援があります。新生児のために社会資源を活用していくということの中では、自分はそのことをやっていないけれど、支援の方法があること、支援してくれる場所があること、それを皆さんが念頭に入れた上で、必要なお母さんに届けられる力を持ってほしいと思います。そして、対応する時に子育て支援者には基本的なことですが、清潔感のある身だしなみで、服装も含めて配慮します。お母さんたちは、どの指導員さんや助産師さん、保育者や支援者さんが、話しやすいか質問しやすいかを、瞬時に見分けています。子育て支援に関わるときは、お母さんに手を広げていつもほほえんで、いつでも目配りが届くような人がいいかなと思います。

5秒の勝負、第一印象をよくすること、また言葉遣いも大切です。「何かお困りのことはありませんか」「何かあったらいつでも相談してくださいね」など、耳障りのよいことばですけれど、お母さんたちはそれにも困惑していることもあります。すべての母親が困っている状態だと決めつけているように感じられます。相手が一生懸命話した時は丁寧に聴いて、他の場合は、現状だけをとらえて、その先のことは深追いしない方がよいということもあります。

### 大切な2つのこと
## 人の感じ方は千差万別
## 活動の定期的な評価

支援する際に大切なことがあります。それは、人それぞれ感じ方が千差万別あるということです。あなたがもっと楽になるように、私たちはしっかりあなたたちに関わっていきますよということを、言葉で表明しながら伝わるようにしていけば良いのではないかと思います。

そして子育て支援、子育て支援事業が継続され、また拡充され、質を担保していかなければいけませんので、定期的に評価していくことが必要です。

今よりももっと効果のある支援に結びつけていきながら、運営方法を見直していくことですので、アウトプットとアウトカムが大切です。この事業の生じた成果物やあるいはこの事業をやったことによって、どんな効果が得られたかということ、常に私たちはアウトプットとアウトカムについて、考えていかなければいけないと思います。今の現状に満足するだけではなく、いまよりもっと良い方法で効果的な方法がないかということを、常に考えていかなければならないと思います。

## これからは、多職種連携を積み重ねる具体的な方策を！

今後は、多職種連携がありますが、多様性を受容していく。医療者助産師たちが多様性を認め受容していく柔軟な体制が必要です。母子や家族の声に耳を傾けて支援につないでいきます。ない制度は作っていけばいいのです。声を上げていくこと。そして皆さんがさまざまな団体に所属していれば、その団体が必要な制度を作っていくように、要望書をあげていくことが必要だと思います。

母子保健法というのは、すべての妊産婦お母さんたちを対象にし、部分的な支援ではない方がいいかなと、考えています。見える方向や眼のやり場によって、また、見る方向によってそれぞれ見方が違う。聞いていた情報と私たちが見た情報とちょっと違うということも出てきます。情報は情報として理解し、私たちが実際接して、そのお母さんがどうであるかをしっかり見るように、カンファレンスの中で話しています。見ようによっては、角度によって自分の中でも多面性があります。だからこそいろいろな人を多様に見ていく、多面性を受け入れて多様性も受け入れていくということです。

助産師として、幸せなお産を、幸せな育児をしてほしいと、幸せで楽しいことを今以上にお母さんたちに伝えて行きたいと思います。そして赤ちゃんたちの笑顔に、子どもたちの笑顔に支えられて私たちもがんばることができる、と思っています。身近な支援者として、母と子の健やかな成長を願い、ママたちにそっと寄り添い優しさと強さを併せ持ちながら、「チームで子育て支援」に関わって行きましょう。

温かい愛に溢れた皆さんのその両手、その笑顔、その態度。そして、子どもたちとお母さんを包み込んでほしいと思います。急ぎ足になりましたが、これで終わりたいと思います。どうもありがとうございました。

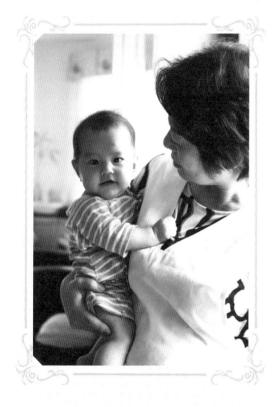

山本先生に
インタビューしました！

# Q&A

## Q1 望まない妊娠・思いがけない妊娠について

産後うつや虐待の予防ということから、望まない妊娠、思いがけない妊娠への懸念が広がっています。

## A1 小さい頃から学校教育の中で、命の教育、性教育に関して、制度ベースにのせて、教育の中に組み込むことが大切ではないか。

10代の若年ばかりでなく、40代、50代も含めて全世代にわたって望まない妊娠、思いがけない妊娠は見過ごすことができません。

自分のからだに向き合って、産み育てをする時期の大切さなど、からだの仕組みを知ることが大切。小学校、中学、高校、大学でもよいので、小さい頃から学校教育の中で、命の教育、性教育に関して、教育の中に組み込むことが大切です。

### 妊娠期支援事業について周知してほしい

妊娠期からしっかりサポーターが関わることによって、赤ちゃんを放棄することなく、しっかり受けとめ、抱っこして母乳をあげて子育てしていきます。

特に若年の方は受け入れがスムーズでエネルギッシュ。若いからこそ、柔軟に受け入れて子育てを乗り切っている姿を目の当たりにしています。

高齢出産の方は、不妊治療や妊娠期からの管理入院も心身に負担がかかり、産後から子育てをする力が出てきません。更年期障害や介護とダブルになって疲弊する方もいます。本人から「助けて」とサポートを求める力を高めたい。そのために、支援者は制度を熟知して、利用できるようにサポートしてほしいです。

## Q2 先生の助産院で実施している多機能支援の中で、社会的な認知が広がってほしいことは?

## A2
親になる人と赤ちゃんの支援が早期からとても大切。「助けて」といえる人がそばにいること、助ける制度があること、それが赤ちゃんの命を救うことになっていきます。

退院後の自宅子育てが困難な状況になってきたら、医療機関を受診し「訪問看護ステーション」に相談してほしい。特に、医療的ケア児の出産は、退院後、母子型の訪問看護ステーションの継続利用が可能になってきています。

これまでの高齢者の訪問看護ステーションの中に、母子の訪問看護ステーションも併設している所もある。

病院の退院後、赤ちゃんの心配・親の心配があれば、身体的でも精神的でも医療機関を受診→医師が「指示書」を記入、そして自宅育児へのサポートがスタートします。

しっかりトレーニングした保健師、助産師、看護師の訪問（定期的含む）が医療保健制度（費用は無料や低額）によって利用できます。

### 周囲は心配するが、本人の自覚がない場合は?

子育て支援者の方が心配を感じたら、保健センター（保健師）から病院への依頼も可能です。

子育て中には、一人で頑張らないで、人に「助けて」と言える力が大切と訴えている方がいます。人の助けを受け入れることができる力は、「受援力（じゅえんりょく）」とよばれて（吉田穂波氏：産婦人科医師の提案）いますが、助けられた方は、助け上手になっていくと。それが大事だと思います。

支援者の方は、是非、訪問看護ステーションの存在や各種制度を周知して、紹介できる力もつけてください。いろいろな制度があっても、知らない方が多いです。

専門家の方、地域の方、いろいろな方の力をかりて、子育てをしてほしいと思います。

保育者にも
『訪問保育ステーション』
できるといいな〜
自宅訪問で乳幼児への
対応助言できるかも!

# これからの
# 子ども・子育て支援

今、何が足りないと感じていますか？

これからあなたは？

そして私たちは？

〜どのように行動していけばよいでしょうか〜

**土谷みち子**
（関東学院大学教授、
NPO法人こどもと未来―おひさまでたよ―理事長）

# 子育ち・子育て支援～何が足りない？ どう行動すればよい？

## 「子どもの健やかな育ちの実現」を前提とした子育て支援の時代

少子化対策としてスタートした「子育て支援」ですが、その数年後には、「子ども・子育て支援」対策に変容していきました。改訂された保育所保育指針にも、第4章「子育て支援」には、すべての子どもの健やかな育ちを実現することと前文が明記されています。

その背景として、学校生活におけるいじめや不登校数の増加と低年齢化、ひきこもりや非正規雇用の若年層の就業課題、また、2000年の児童虐待防止法案の成立もあり、虐待やDVの過酷な実態への社会的関心も高まっています。わが国のいじめを原因とした子どもの自殺の多さや成長による危機は、3章でも言及していますが、世界からも指摘されているところです。

また、OECDからも特に乳幼児期からの人格の基礎を担う保育・教育への期待が増し、わが国の幼児教育の無償化への実現に至っていることは、保育関係者の知るところでしょう。

## 現役世代の健康や不安へのサポートも必須

さらに、子どもの自殺課題ばかりでなく、現役世代の過労や産後うつによる自殺等々、第3章、第4章、第5章でも問題提起された子どものストレスと大人のストレスが充満して、将来に希望が見出しにくい社会の実態があります。子どもの育ちと共に親世代の心身の健康支援を盛り込んだ活動も検討する必要もあるでしょう。

第1章から5章までで問題提起された、①子どもの誕生と夫婦関係の再構築 ②公民協働の当事者を巻き込んだ子ども・子育て支援活動 ③学童期以降にもおよぶ子どもの心身の成長懸念 ④親の働き方改革と子ども達の将来展望 ⑤10代の思いがけない妊娠も含めた、妊娠中から出産以降も続ける切れ目のない子育て支援に対して、子どもの年齢や関連分野によって、それぞれの子ども・子育て支援活動は多岐におよび深まっています。

## 支援の方向は、「子どもの発達」と「家族の生活の安定」の同時支援

子育て支援の合い言葉は、一人でがんばる「子育て」（孤育て）から、地域のみんなで「社会で子育て」へ、です。地域の資源につなぐことと考えられてきました。そしてコーディネーターとして、特に乳幼児健診や高齢者支援に関わる保健師の方が地域のネットワークを把握し、行政や専門機関と民間の活動を結びつけてきました。しかし、地域の民間活動の増加や家族の支援の多様化、また、近年の感染症対策もあり、その人材不足と過重役割で保健センターの役割と負担は重くなっています。

[図1]エコマップから地域資源を考える

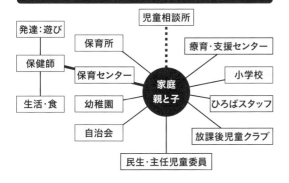

**責任の分散を予防・すきまを埋める人・場は?**

[図2]エコマップから考える多職種による地域連携

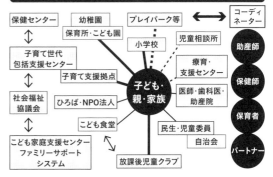

**多職種のコーディネーターが情報をつなぐ**

[図1]に、子ども・子育て支援に関わる近隣地域の関係図について、簡単なエコマップ（支援する対象者を中心に、地域の社会的資源との関係図を表現したもの）にして整理してみました。子どもの人格の基礎を育むものとして、発達を促す活動（遊び）のしかけと、家族の生活への支援を軸に、これまで子育て支援は、保健センター（地域によっては福祉保健センターなど名称が統一されていない）を中心として保健師が地域資源をつないでいた様子です。

今後は、早期の支援と連携が求められます。特に、児童虐待や親の精神疾患、ＤＶ等には、予防的活動も必要です。情報の共有と多職種の連携が求められます。[図2]には、コーディネーターとして子どもの成長と共に家族全体に関与する、助産師—保健師—保育者—子育てパートナー（子育て支援拠点や地域包括支援センターに関わる）の方々が、誕生後から入学前まで、継続的な支援と情報共有をしていく重要性を示

しました。欧米で行われているように、定期的な家庭（自宅）訪問も含めた、本来の意味で切れ目のない連続した支援をする重要性があると考えます。

今後は、ひとつの場所で子どもと家族に関わった時に、子どもの発達を促す遊びと家族の生活を安定する支援をセットで行うこともお勧めします。

例えば、テレビ報道で、年末にひとり親家庭の家族に、おせち料理を配っていた活動を見ました。そのお重箱の中に、『いつもご苦労様、よいお年を！』など、メッセージも詰まっているように思いました。さらに、もう一歩進むと、「今度、こんな保護者のぼやきや情報交換のおしゃべり会があります。是非いらしてね！幸せの種をさしあげます！」とカードを添えて、日時と場所を書くと、行ってみようと出かける勇気がでるかもしれません（注：幸せの種は、クローバーの種やふうせんかずらの種〈ハートマークです〉がお勧めです）。

## 親と子の間にはいる「関係性」支援の重要性

急増する児童虐待への予防や対応に関して、ひとつのヒントとして、背景となる要因を整理してみました［図3］。

近年のわが国の虐待の発生要因は、少しずつ変容していると指摘されます。関係者が指摘することを図に整理してみると、虐待に結びつく「養育者の要因」「子どもに関わる要因」「環境の要因」は、それぞれ網の目のように複雑に影響し合っていることがわかります。

我々関係者は、ひとつの姿、ひとつの様相、つまり養育者だけ、子どもだけ、環境だけに対してアプローチするばかりでなく、親子を同時に、また子どもを育てる生活環境そのものを総合的にサポートすることが必要ではないでしょうか。

## 「関係性への支援」と「世代をつなぐ支援」

［図3］からは、「養育者の要因」と「子どもに関わる要因」の間に〈愛着形成不全〉が、また、「子どもの要因」と「環境の要因」の間に〈ストレスフルな状況〉が指摘されています。間に横たわり、相互をむすびつける「関係性への支援」、つまり、一要因が直接的に虐待を誘因するのではなく、親子間の愛着形成の不充分さが一線を越えさせてしまう可能性や、家庭環境の不安定さが労力のいる子育てで加重負担になることで、本人ではブレーキをかけられない行為につながる可能性が想像できます。今後、再婚による義父や義母と子どもとの関係性への支援も一層、重要課題となります。

子ども・子育て支援に関わる我々には、ひとつの状況から次の悪循環へ突入しないための予防的な活動や、子どもの成長プロセスを追いながら、官民協働のネットワークの中で情報を

## ［図3］近年の虐待の発生要因

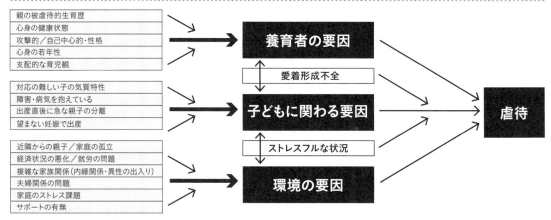

（「最新・アタッチメントからみる発達」発達153号　ミネルヴァ書房掲載：遠藤利彦論文・数井みゆき論文参考に作成・庄司より私信）

共有し、情報と支援をつないでいくことが必要です。

さらに、支援場所や活動に「これない家族」、「こない子どもや保護者」に、そして「『助けて』とSOS発信をしない・できない方」には、どのような支援や行動が必要でしょうか。

つまり、第2章で子育て支援のグランドデザインとして示された「多世代の交流」も含めた、人と人をつなぐような具体的な活動や場の提供を創出することで、個人の不安や子育てのストレスが緩和するような、誰かにSOS発信ができるような支援が必要だと考えます。多くの地域と多様なスタイルで、アウトリーチ活動を分散して活発にすることが求められます。

## こんな活動、こんな行動を していきたい！

では、われわれの法人活動や皆さんの実践や提案から、これからの子ども・子育て支援に、「意識して行動していること」「もっと、こうしたい」という多様な活動や行動をみていきましょう！

---

# 1　子どもの育ちを促す遊びをしかけたい！

### その1
## 親と子の遊び：子どもの主体的な遊びと 親の「効力感」につなぐ

「子どもが輝くと親も嬉しい！」
「親が本気で子どもになって遊ぶと、 子どももワクワクする！」

親の子育ての喜び・手応え（子育ての効力感）は、子どもの笑顔や一生懸命に生きている姿を見た時など、「うちの子はなんて可愛いんだ！」とか「あんなに一生懸命にすごいな！」など、子どもがキラッと輝いた時に発生します。直接体験と間接体験（観察）が重要です。

#### 幼稚園など：入園前のプレ保育にもおすすめ

親子遊びは、一緒に手遊びをする・一緒に制作をする（お持ち帰り）・おやつを半分ずつにして食べる・ママの膝で絵本をみる等：同じ体験の共有から「共感する気持ち」が育って、将来にわたって「大人にSOSを出せる子」に、また「他者（友だち）に優しく行動する力（社会性の育ち）を育みます。
他の親子の遊びの姿を「見る」ことで、自分の親としての行動レパートリーも増えていきます。

**その2**

## ことばの育ちを促す、
## 赤ちゃんからの運動と生活

「赤ちゃんと脳の育ち」のお話

　近年、ことばの育ちの遅れが指摘されています。授乳中のスマートフォン？ ICT機器のせい？ など議論もされますが、それだけではないようです。

　言語聴覚士（ST）の中川信子さんは、ことばの発達と脳の発達との関連性をわかりやすく図で説明しました。脳は、0歳児のとき下部の脳幹からゆっくりと育ち、2歳ころまでに言葉や感情のコントロール、知的発達を促していく頭の上部、前頭前野まで、ゆっくりと発達していきます。赤ちゃんのときから、ゆったりとした生活のリズムがつけらえるように大人が支え、からだ全体をつかったじゅうぶんな運動（粗大運動）、手をつかう遊び（微細運動）、そして大人との共感遊びが大切な体験です。わかりやすく「ことばのビル」という構図で示しました。

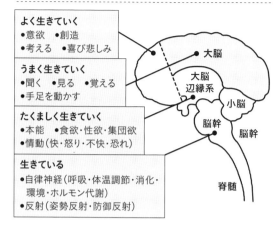

［図4］ことばのビルと脳の発達との関連

**よく生きていく**
- 意欲　●創造
- 考える　●喜び悲しみ　……大脳

**うまく生きていく**
- 聞く　●見る　●覚える　……大脳辺縁系
- 手足を動かす

**たくましく生きていく**
- 本能　●食欲・性欲・集団欲　……小脳／脳幹
- 情動（快・怒り・不快・恐れ）

**生きている**
- 自律神経（呼吸・体温調節・消化・環境・ホルモン代謝）……脊髄
- 反射（姿勢反射・防御反射）

［図5］こどばのビル

| | ことば | 脳の上位領域 |
|---|---|---|
| こ<br>と<br>ば<br>が<br>わ<br>か<br>る | 構音器官の訓練（かむ・飲み込む・なめる・すう・ふく）〈シャボン玉・ラッパをふく〉 | 聴く力を育む |
| | ことばを教える〈実物のネコ←ネコだよ！〉 | |
| | ことばで共感しあう。わかりあう。〈やったね！〉 | |
| | 豊かな（五感）体験・経験・身辺自立（自律） | 楽しく遊ぶ！〈感覚統合〉<br>1日5分<br>笑タイム！<br>共感関係 |
| 手をつかう | あやとり、一緒に家事〈クッキング・シール貼り〉 | |
| 情緒の発達 | 安定した親子関係（一緒に遊ぶ）泣くに付き合う | |
| 十分な運動 | 寝返り、腹ばい、ごろごろ、立つ、あるく、走る | |
| 規則正しい生活 | よくかんで食べる〈おおよその生活リズム〉 | 脳の下位領域 |

「健診とことばの相談」（ぶどう社）より

| 「十分な運動」粗大運動 | 「手をつかう運動」微細運動 | 「共感関係」1日5分の笑タイム！ |
|---|---|---|
|  |  |  |

注）参考文献「育てにくさをもつ　子どもたちのホームケア」（診断と治療社）参照。　●家庭や子育て支援・保育施設で可能な生活や遊びの工夫を紹介しています。

## 2　親と子の関係性支援〜アタッチメントのサポート

**アタッチメント（愛着）を促す赤ちゃんとの生活**

## 赤ちゃん誕生からはじまっている
## 親と子の関係

＊アタッチは、「くっつく」ことを意味します。そのため、近年は愛着ではなく、研究者から「アタッチメント」と言い直そう！と声があがっています

新生児（生後0か月〜）赤ちゃんと
アイコンタクト・大人のつぶやき

おいしいかな？
いっぱい飲んで
大きくなれよ〜

おしゃべりしないけど、
理解はできている5ヶ月児

これが
ほしかったの？

乳幼児が示す愛着行動（その人が大好き！というメッセージ）

ありがとう！
ステキなもの
見つけたね！

# 3　親の子育てと子どもの発達の連続講座

## 私たちの学びたいことって？
## 主体的な親の学びの声に応えたい！

　保護者のニーズを受けて、それぞれで学びたいことを出し合って、親自身で5回連続の各回に整理して（大人の主体的な学び）学習会とディスカッションをしています。

　親として力量をつけたいと思っている方は多く、ハウツーよりも、発達のプロセス（見通し）を知って不安を取り除き、親として成長したい！と考える方が多いです。

### 乳児と親とのつぶやきを相互に翻訳して行動しています！（「足場かけ」といいます）
子育て支援のひろばで、赤ちゃんに話しかけないママやパパが多いです。

うん、うん

さっき、ラッパ、
Aちゃんがもってたのね。
ダメっていったのにね。
とられちゃったの、いやだったね。
ママも大変だったねって、
お話聞いてくれたね。

＊子育て・保育経験者はママやパパに寄り添い、
　乳児（0~2歳児）に応答・共感・代弁（親と子の間に）サポートをお願いします。

### ママ達の出産後の小グループ懇談
（＋ファシリテーター同席）

ベビーマッサージはとっても人気。
でも、出産後のママ達のおしゃべりの会の実施は
少ない。大きな仕事をしたので、事後しっかり
自分でもねぎらって、子育てに、はいってほしい。

＊ただし大変な経験をしている方もいるので、混乱したり、自分を
責めたりしないように、ファシリテーター同席がお勧め。

### パパのモヤモヤ懇談（＋ファシリテーター同席）

ママと子育てを一緒に担うパパが増えています。
短期でも育児休暇を取得できない方は、
モヤモヤがいっぱい。相互に体験を話して、
仕事との多重役割からパパの産後うつ状態に
ならないように予防して！

＊話すことで落ち込みすぎないように、ファシリテーターが必要。

### 休日に、保育園や幼稚園・こども園の園庭を
かしてください！ 障がいに関わらず遊ぶ会

障がいのある子ども、診断はないけれど保護者が
発達の遅れ？ を心配している子どもたちが、
家族と共に（きょうだいも一緒）、日曜日に保育施設の
園庭で活発に遊んでいるグループがあります。
みんな、いい表情！

### 赤ちゃんとのふれあいあそび・
わらべ唄・膝の上で読み聞かせ

言葉での注意や講座ではなく、
自分がやってモデル（ひとつのやり方）を示してみて！

1〜2歳児が母親の膝の上でじっくり
絵本を見る姿が少なくなっているように思う。

月1回、2時間の開催。療育の専門スタッフ、発達相談員等
がフリーで参加して、遊びを見守る父母とおしゃべり（敷居
の低い日常相談）しています。おしゃべり後に、父母から「気
持ちが軽くなった」と多くの感想（働く親が多い時代に、多く
の父母が参加）。わが子の笑顔や異年齢の他児とのやりとり
の姿（同年齢より気楽です）を見て、将来に希望を持ち始め
ています。保育施設の園庭は、子ども達に遊びたい！ と、引
き込む力（アフォード）をもっています。多様性の社会はス
タートしています。是非、ご協力を！ 賛同者・園を募集中！

まだまだ、すでに行動していること、やってみたいこと、しかけたいこと、たくさんあるでしょう！
次のママからのメッセージを心に留めて、これからも私たちの活動を進めていきたいと思います。
皆さんと、たくさんおしゃべりして、議論できることを期待しています。

> **私たちの社会は、子どもも父親も母親も
> こんなにクタクタにならないと幸せにならない社会なのでしょうか**

（協力：横浜市地域子育て支援拠点・NPO法人こどもと未来─おひさまでたよ─スタッフ）

# Withコロナ・Afterコロナを語る！

## Withコロナ

日本の子どもの"からだと心"は、コロナ禍以前からかなりの試練に直面していました。このことは、国連子どもの権利委員会によって示された「日本政府第4・5回統合報告に関する最終所見」において、「社会の競争的な性格により子ども時代と発達が害されることなく、子どもがその子ども時代を享受することを確保するための措置を取ること」が勧告されている通りです。これが、国際社会の評価です。にもかかわらず、この1年はコロナ禍というさらなる試練に襲われたというわけです。まずは、そのような認識が必要でしょう。

野井先生

虐待やDVの生育歴を抱えている方は、コロナに対してどうしても脅迫観念が強くなり、散歩に出かけることさえも怯えて出られない状態です。

若年ママ支援：Sさん

コロナの中で妊娠・出産・育児している虐待の生育歴を抱える若年ママは、家庭から断絶している場合が多く、出産しても喜んでくれる身内がいない。感染予防のために、陣痛が来て入院した時から退院まで、一人で頑張るしかない状況に置かれるので、望まれた妊娠出産の方より、より産後うつになりやすいです。

若年ママ支援：Sさん

今まで思いつきもしなかったことが、可能になっています。ICT化の進んでいる時代だからこそ、ICTツールを利用して、保護者会・職員会議。保護者は家にいながら参加できてニコニコ！職員は今までになく、たくさん（オンライン）保育研修に参加できました！

保育園長経験　汐見和恵先生

自粛登園で多くの子どもたちは自宅待機の期間がありました。自宅からの散歩コースに保育園をいれてもらって、花壇のお花を絶やさない、みんなで作った鯉のぼり等作品を掲げて、門には「待っているよ！」と先生からのメッセージプレートを。「つながっている・待っている」メッセージを発信しました。保護者とは直接電話、保育士からは自筆の手紙をいただく交流と相談も持続です。

O園長

コロナ禍の中、室内のメディア時間が多くなり戸外でおひさまを浴びて外遊びする時間は減少しました。子どもの成長にバランスがとれない生活は心配です。幼児～学童期は子どもの生活習慣がほぼ確立する時期です。青年期以降にネット依存症に陥ると、大変な治療が必要です。子どもネット研※などを参考にして、家庭のルール作りをしてみてください。

土谷

※子どもたちのインターネット利用について考える研究会
https://www.child-safenet.jp

新型コロナウイルスによってこれまで世界中で経験したことのない生活の変化が訪れました。
本書筆者の方々はじめ皆さまから、いろいろな経験談やメッセージが届きました!

## After コロナ

次に、どんな感染症が出てくるかはわからない。でも、今回学んだ感染症対策を忘れずに、3密回避・手洗い・うがい・マスクも大事! 子どもたちも外出後の手洗い・うがいをしっかりできるようになっています。怯えないで冷静に情報を集めていきましょう!

詩子先生

これまで体験したことのないことが起きた時、私達はどのように考えたらよいかを学ぶ機会になりました。その状況下で可能なことや視点を変えて物をみるような発想の転換ができます(これはできないけれど、こうすればもっとこんな風にできるといったこと)。前向きな発想をしていくことが変化の大きい時代を力強く生きる知恵だと思います。

汐見和恵先生

保育士のみなさんにお願いしていることがあります。コロナ禍の中で、妊娠、出産、育児を乗り越えて、初めて保育園の入園面接に来たお母さんに、「コロナ禍の中、今日まで本当によく頑張りましたね。これからは、一緒に育てていきましょう」と、お母さんの孤独感や辛さをうんとねぎらって下さい!

Sさん

そもそも、ヒトは動物です。動物は"動く物"と書くように、元来、動かなければヒトにも人間にもなれません。また、ヒトは人間でもあります。人間は"人の間"と書くように、家族や仲間と群れて進化してきました。つまり、私たち人類は「動いてヒトになり、群れて人間になる」のだと思います。このことは、Society5.0時代やGIGAスクール時代も同様です。むしろ、そのような社会になればなるほど、そのことを強く意識しておく必要があるのではないでしょうか。

野井先生

突然のコロナで保育園も健康問題や子どもの心身の発達保障など多くの問題を抱えました。この一年、できないことを嘆いて諦めるのではなく、できること・方法を実践してきました。そんな時に一番大切にしてきたのは、想像力を膨らませてワクワク楽しいをふんだんに取り入れること。卒園遠足はできないけれど、6年間遊んだ近隣の公園にツーリング。「ありがとうさようなら散歩」をして、笑顔で1年生になりました!

保育職人! Oさん

行政管轄でない保育施設に、コロナ禍後に、パタッと通園してこなくなった子どもがいます。園にも理由がわからない。お電話をすると、「大丈夫です。落ち着いていますから」とのママのことば。それ以上、踏み込めない立場であることが難しい。何か起きていないのだろうか。

保育と虐待研　Nさん

# おわりのことば・謝辞

コロナ感染状況の中、本書の出版も 1 年遅れとなりました。

　この間、見えないところで悲鳴をあげている家族や子ども達がいること、一方で、いつも元気に遊んでいる子ども、働き続ける保護者の方々。子どもと家族の姿が多様化、両極化している現代に、私たちは、声をあげない、あげられない子どもと家族の情報を「よくみる」ようにして、他機関や行政の方と共有して行動につなげていきましょう。

　序章で紹介した調査データでは、多くのママ達の率直な声が聞かれました。ただし、ひろばを利用できる方 300 名という一部の方の声です。現在、わが国の赤ちゃんの出生は、年間 86 万人ほど（2020 年度累計）といわれています。調査結果では、出産時に幸福感はなかったと回答した方は、1.7% でした。それを 86 万人のママに換算すると、14620 人となります。調査の後ろには、多くの声をあげていない保護者の方がいるということを、子育て支援に関わる私たちは忘れてはいけないと思います。

　本書は、構想から 5 年以上を経て出版となりました。我々の立ち上げた NPO 法人は、これまでの子育て支援に違和感がありましたが、当初から計画依頼した講演者の皆様から、多様な切り口で問題提起をしていただきました。法人スタッフ達は、その膨大なお話のテープ起こしの作業からはじめ、また講演の先生方には、数年前の原稿に何度も内容の確認・吟味をお願いしました。時に、現在のお写真や講演当日の資料のご提供もしていただき、多大なご協力に深く感謝し上げます。

　これからの子ども・子育て支援の活動は、一人ひとりの子どもが生まれてよかったと自分に自信をもって成長できるように、また、保護者が子どもを持つ幸せと大人としての尊厳を両立させて行動できるように、世界と同じように、多世代型のファミリーサポートの活動をしていくことが求められるでしょう。

　今後も皆様と交流しつつ活動できることを期待しております。

2021 年 5 月　編者　土谷みち子

本書を子育て支援のこれからを憂いでいらした安部富士男先生に捧げます。

## 参考文献

1)「育てにくさをもつ　子どもたちのホームケア」
　　小林達也編　診断と治療社
　　**【育ちや発達が心配な時、自宅や保育施設でできる
　　　遊びや関わりを紹介】**

2)「保育者のための子ども虐待対応の基本」
　　保育と虐待対応事例研究会編　ひとなる書房
　　**【保育者必携の必読書】**

3)「ことばを育てる暮らし方」
　　中川信子　保健同人社
　　**【保育場面へのヒント満載】**

4)「あたり前が難しい時代の子育て支援」
　　小川清美・土谷みち子　フレーベル館
　　**【子育て支援はじめの一歩：
　　　ひろば等におけるスタッフの対応】**

5)「健診とことばの相談」
　　中川信子　ぶどう社
　　**【「ことばのビル」の紹介】**

6)「0〜4歳　わが子の発達に合わせた
　　「語りかけ」育児」
　　サリー・ウォード著
　　汐見稔幸監修　槙朝子訳　中川信子指導　小学館
　　**【赤ちゃんの関わり方に迷う保護者の支援に活用】**

## 著者プロフィール

編著者

**土谷みち子**
（関東学院大学教授、
　NPO法人こどもと未来―おひさまでたよ―理事長）

**「こどもと未来―おひさまでたよ―」について**
「こどもと未来―おひさまでたよ―」は、2016年12月に設立した
NPO法人です。こどもたちの未来に、おひさまが輝く希望がもて
る社会作りをしていこうと活動をしています。子どもの乳幼児初
期からの発達の危うさ、また保護者の出産後の子育てに自信が
なくいつも不安でいる状況を何とかしたいと、各地域で親と子を
同時にサポートする活動をしかけています。
facebook：@kodomotomirai.ohisamadetayo


著者

序章・終章
**土谷みち子**
（関東学院大学教授、
　NPO法人こどもと未来―おひさまでたよ―理事長）

第1章・第4章
**汐見稔幸**
（東京大学名誉教授、日本保育学会会長）

第1章・第2章
**汐見和恵**
（家族・保育デザイン研究所所長、
　フレーベル西が丘みらい園元園長）

第3章
**野井真吾**
（日本体育大学教授）

第5章
**山本詩子**
（山本助産院院長、日本助産師会元会長）

カバー・紙面デザイン
松岡里美（gocoro）

装画・挿絵
酒井チエ子（企業組合エコ・アド）

販売促進
黒岩靖基、恒川芳久、松本笑佳、吉岡なみ子

協力（テープ起こし・資料収集）
尾本ひとみ・斎藤香・石原三津子

これからの保育シリーズ⑨
今、もっとも必要な
これからの子ども・子育て支援

2021年6月8日　　初版第1刷発行
2022年3月18日　　初版第2刷発行

編著者
土谷みち子（つちや・みちこ）

著者
汐見稔幸（しおみ・としゆき）
汐見和恵（しおみ・かずえ）
野井真吾（のい・しんご）
山本詩子（やまもと・うたこ）

発行者
青田 恵

発行所
株式会社風鳴舎
〒170-0005 豊島区南大塚2-38-1 MID POINT 6F
電話：03-5963-5266／FAX：03-5963-5267

印刷・製本
株式会社シナノ